예영세계선교신서 ⑬
일본선교 1%의 벽을 깨라

모든 인간은 하나님의 형상을 닮은 존엄한 존재입니다. 전 세계의 모든 사람들은 인종, 민족, 피부색, 문화, 언어에 관계없이 존귀합니다. 예영커뮤니케이션은 이러한 정신에 근거해 모든 인간이 존귀한 삶을 사는 데 필요한 지식과 문화를 예수 그리스도의 사랑으로 보급함으로써 우리가 속한 사회에 기여하고자 합니다.

일본선교 1%의 벽을 깨라

초판 1쇄 펴낸 날 · 2010년 2월 25일 | 초판 1쇄 찍은 날 · 2010년 2월 20일

지은이 · 임영언, 구원준, 노학희, 츠츠미 카즈나오, 정근하 | **펴낸이** · 김승태

등록번호 · 제2-1349호(1992. 3. 31.) | **펴낸 곳** · 예영커뮤니케이션
주소 · (136-825) 서울 성북구 성북1동 179-56 | **홈페이지** www.jeyoung.com
출판사업부 · T. (02)766-8931 F. (02)766-8934 e-mail: edit1@jeyoung.com
출판유통사업부 · T. (02)766-7912 F. (02)766-8934 e-mail: sales@jeyoung.com
제작 예영 B&P · T. (02)2249-2506~7

copyright©2010, 임영언, 구원준, 노학희, 츠츠미 카즈나오, 정근하

ISBN 978-89-8350-566-8(04230)
　　　978-89-8350-542-2 세트

값 9,000원

- 잘못 만들어진 책은 교환해 드립니다.
- 본 저작물은 저작권법에 의하여 한국 내에서 보호를 받는 저작물이므로 무단 전제와 무단 복제를 금합니다.

예영세계선교신서 ⑬

일본선교 1%의 벽을 깨라

임영언 · 구원준 외 지음

예영커뮤니케이션

[추천사]

"이 책은 재일 한인교회들의 구체적 실상을 우리에게 알려 주고 있을 뿐 아니라 더 나아가 한일교회 연합으로 이루어지는 일본 복음화의 가장 실질적이고 전략적인 방안을 제시하고 있습니다. 한국과 일본을 더욱 가깝고 친근한 나라로 만드는 데 기여하리라 확신합니다."

타고 모토요시 회장(일본 생명의 말씀사)

"일본교회와 나라의 진정한 개혁은 우리 내면의 개혁이다. 이 책은 오늘날 일본교회 성도들을 향한 하나님의 부르심을 듣게 해 주는 탁월한 책입니다. 일본선교의 돌파구와 세계선교의 새로운 패러다임을 구축하는 일에 큰 밑거름이 될 것입니다."

칸다 히로오 목사(일본 오사카 노자키그리스도교회)

"복음으로 연합한 한일교회와 젊은 청년들의 협력으로 일본이 선교사의 무덤에서 부활하여, 일본은 물론 아시아선교에까지 나아가 글로벌선교에 협력할 날이 멀지 않았습니다. 이 책은 일본선교 1%의 벽을 깨기 위한 지침서이자 필독서입니다."

스즈키 요시아키 목사(일본 나가노현 우에다복음자유교회)

"조이호프교회와 후쿠오카 CCC복음센터는 하나님 안에서 하나의 운명공동체입니다."

마츠우라 요시노부 목사(일본 후쿠오카 조이호프교회)

"일본 복음화를 돕기 위한 일본 크리스천신문사 서울지국이 개설되었습니다. 이것을 기념하는 자리에서 저자는 '日本복음화를 위한 한일교회연합 상생선교 전략'을 제안하여 많은 이들의 공감을 얻었습니다. 이 책을 통하여 일본선교의 희망을 발견할 수 있기를 바랍니다."

손제현 기자(일본 크리스천신문 서울지국장)

"지금 일본열도에는 24가지의 불가사의한 기적이 일어나고 있습니다. 빠르면 10년, 늦어도 30년 전후로 지난 2000년 기독교 역사 가운데 그 어떤 나라도 경험하지 못한 엄청난 영적 부흥이 일어날 조짐을 보이고 있습니다. 이러한 징조는 일본을 복음화하여 인류의 발을 씻기시려는 하나님의 거룩한 계획이라 확신합니다. 이 책을 통하여 새롭게 다가오는 역사에 동참하시기 바랍니다."

김안신 선교사(일본 CCC 선교사)

"이 책의 저술을 위하여 행해진 인터뷰와 설문조사에 참여한 적이 있습니다. 이 책은 일본 선교지 현장의 목소리를 생생하고 충실하게 전달하여 가장 구체적이고 실질적인 방법으로 일본 사역자들을 도우려는 마음을 담고 있습니다. 일본 선교의 작은 밀알이 되어 많은 열매를 맺게 하는 책이 될 것으로 확신합니다."

정규화 목사(재일대한기독교단 니이가타교회)

"40명 가까운 한일 현장 사역자들을 인터뷰하고 178명의 설문조사를 통하여 지금까지 우리가 알지 못했던 일본선교의 새로운 연구결과가 나온 것을 진심으로 환영합니다. 이 책의 내용은 두 저자가 한 사람은 현장조사를 통한 학문적인 뒷받침으로, 또 한 사람은 20여 년 이상의 일본선교 현장경험을 그대로 결합하여 이루어낸 결정체입니다. 이 책을 통하여 많은 일본선교 관련자들이 격려받고 일본선교의 열매를 맺을 것이라 확신합니다."

김경래 장로(전 경향신문편집국장, 기독교100주년기념사업회 사무총장)

"아들은 일본 복음화의 제단에 드려졌습니다. '은식사랑방' 이야말로 하나님이 일본 복음화를 위해 보내 주신 선물입니다. 일본인들의 영혼구원에 큰 도구로 이 책이 귀하게 쓰일 줄 믿습니다."

이금삼 장로(고령제일교회)

[추천사]

"이 책에는 하나님께서 일본선교를 축복하는 일에 한국 CCC사역을 사용하여 주신 증거들이 하나하나 기록되어 있습니다. 하나님께 영광을 돌립니다. 1991년부터 시작된 뉴라이프 단기선교 프로젝트는 현재까지 일본 125개 지역 1,457개 교회에서 17,172명의 학생들이 참가한 가운데 진행되어 오고 있습니다. 이 책은 향후 한국 CCC가 한일교회와 연합하여 주님의 지상명령성취와 일본 복음화를 위해 구체적으로 어떻게 섬겨 나가야 할 것인지에 대한 명확한 전략을 제시하고 있습니다."

박성민 목사(한국 CCC 대표)

"1868년 명치유신 이래 150년간 구미각국이 천문학적인 선교인력과 재정을 쏟아 부었지만 복음화율 0.8%를 뛰어넘지 못하고 있는 일본은 지구촌 최대의 非복음화국가이지만, 고급인력과 국가경제력을 감안하면 선교재생산 능력과 가능성이 가장 큰 국가로서 21세기 한국교회에 맡겨 주신 '피할 수 없는 기업'입니다. 본서는 일본선교를 위해서 먼저 '일본문화에 대한 철저한 이해'를 주문하는 한편, 한국교회의 적극적인 선교협력을 기초로 '일본인 자력에 의한 일본 복음화'를 주장하면서 '한일 선교협력의 새로운 패러다임'을 제시하는 책입니다."

박인기 목사(GMS 인천 LMTC 훈련원장)

"21세기 일본교회와 한국교회는 용서와 화해라는 과거사적 차원을 넘어서 세계선교의 남은 과업(Finishing The Task)과 한일 양국의 완전 복음화를 위해서 함께 뜨겁게 기도하며 성령의 하나 되게 하신 것을 미래적이고 창의적인 협력선교를 통해서 지혜롭고 용기있게 전진해 나가야 하는 새로운 종말론적 소명 앞에 서 있습니다. 현재 일본교회 지도자들과 한국선교사들이 끊임없이 섬겨 온 후쿠오카공동체는 그 진정한 대안(Alternative)과 돌파구(Breakthrough)가 되고 있습니다. 이 책 속에는 한국교회의 작은 섬김과 희생을 통해 일본교회와 민족을 구원할 수 있는 '일본교회 주도의 한일 협력선교 전략'과 '상생선교 패러다임의 구체적인 롤 모델(Role Model)'이 제시되고 있습니다. 따라서 일본 현지에서 활동하는 모든 목사, 선교사, 크리스천들이라면 반드시 일독하지 않으면 안 될 필독서입니다."

신현필 목사(분당 임마누엘교회)

"후쿠오카 CCC복음센터의 좋은 소식을 듣고 있었습니다. 일본선교를 위해서는 한국교회와 한국인이 앞장서기 보다는 일본교회를 섬기는 모습이어야 합니다. 일본의 참된 부흥을 위해서는 일본교회가 바로 서야 하며 일본의 부흥은 일본인들로 인해 올 것이라고 믿습니다. 한일교회연합 세미나에서 발표한 '日本복음화를 위한 상생선교 전략'과 VIP 일본인 대상의 말씀은 짧은 만남이었지만 많은 도전이 되었고 우리들을 되돌아보게 하는 시간이었습니다. 이 책은 일본선교의 감동 그 자체를 그대로 담고 있습니다. 일본선교에 관심 있는 독자들의 일독을 권합니다."

박윤수 목사(일본 비전공동체)

"마지막 남은 과업 성취(Finishing The Task)를 위해 교회와 선교단체가 연합하여 지상명령성취로 고군분투하는 이때에, 전 세계에 흩어져 있는 한민족 디아스포라가 '글로벌 네트워크'를 형성해 '협력선교' 한다면 복음은 더 빨리 땅끝까지 전파될 것이며, 다시 오실 주님을 우리 세대에 맞이할 것입니다. 이 책을 통해 한국교회와 이민교회가 협력선교에 적극 동참할 것을 기대하며 저술한 분들께도 감사를 드립니다."

권요섭 목사(GMS, CCC, FTT선교사, 일본케이센교회 코다이라채플)

[책머리에]

　일본은 한국과 가깝고도 먼 나라이면서 세계적인 경제대국이지만 크리스천들에게는 선교사의 무덤으로 알려져 있다. 기독교 선교적 측면에서 보면 일본은 기독교 수용에 있어서 역사상 가장 폐쇄적인 국가이다. 지금으로부터 460여 년 전 한때 전체인구의 3%에 달할 정도로 기독교가 번창했던 때도 있었지만 1587년 도요토미 히데요시에 의해 취해진 기독교 금교령, 1613년 도쿠가와 이에야스에 의해 내려진 금교령을 시작으로 이러한 금교령이 해제되던 1873년까지 약 260년간에 걸친 극심한 박해와 핍박이 계속되었고, 이로 인하여 일본 기독교는 거의 전멸되었다.
　특히 1597년 나가사키의 니시자카 언덕에서 행해진 십자가 형틀에 의한 26명의 처형, 1626년부터 시작된 '후미에제도', 1638년 4월 '시마바라의 난'으로 인해 약 3만7천여 명의 기독교인 농민군이 몰살되는 등 약 30만 명의 순교자가 발생한 것으로 알려지고 있다. 이러한 혹독한 박해에서 살아남은 이들의 신앙 양상은 순교자의 신앙을 그대로 간직한 초창기 유형의 크리스천들이 많았던 반면에, 불교와 기독교가 혼합되어 있는 형태의 신앙 양상으로 변모된 곳도 있었으며 이러한 기독교 박해의 영향은 오늘날에도 남아 있어 기독교의 정체현상으로 계속 이어지고 있다.

일본 개신교의 현황을 살펴보면 150년 선교역사에 인구 1억2천7백만 중 60만 명이 크리스천이며, 그 중에 절반인 약 26만여 명이 매주 교회에 출석하고 있는 것으로 알려졌다. 일본의 크리스천 수는 현재 카톨릭과 개신교를 합해 0.88%이며 그 중 개신교는 전체 인구의 0.4%에 불과하다. 일본 전역에 약 8,000여 교회가 있지만 매년 평균 8,000명이 세례를 받으며 교회의 약 15%가 무목교회로 알려지고 있다.

이 책은 왜 일본이 기독교의 빈국으로 전락하게 되었는가? 라는 단순한 물음에서 한 걸음 더 나아가 이를 극복하기 위한 구체적인 방안을 제시해 보고자 하는 생각에서 비롯되었다. 한국과 일본은 겉으로는 상당히 비슷하게 보이지만 기독교적인 측면에서는 너무 다르고 복잡하게 얽혀 있다. 그렇기 때문에 일본선교를 한 번이라도 생각해 본 사람이라면 누구나 한국이 복음화에 성공한 선교비전과 전략, 그리고 선교모델을 활용하여 일본에서도 복음화 운동이 속히 일어나기를 간절히 바라게 된다. 또한 복음으로 연합한 한일 젊은 청년 대학생들의 협력으로 선교사의 무덤에서 부활한 일본이 아시아선교에까지 나아가 글로벌선교에 이를 날이 머지않아 도래하리라 확신한다.

일본에서 재일한국계 이민교회에 관한 연구는, 이인하 목사를 비롯하여 많은 학자들이 인류학이나 사회학적 측면에서 재일한인이라는 소수민족의 사회운동과 삶에 관하여 많은 자료를 남기고 있다. 또한 최근 한국계 뉴커머이민교회에 관한 연구는 타지마 준코(田嶋淳子, 1998) 교수가 꾸준히 연구해 오고 있지만 체계적인 자료수집과 분석에는 아직 못 미치고 있다.

　이 책은 일본에서의 기독교에 관한 자료와 정보를 체계적으로 수집하고 정리했다는 점에서 높이 평가받을 만하다. 또한 이 책의 특징은 기독교의 정체와 성장을 통해 본 한일 문화적 차이와 갈등구조에 대해서도 세밀한 분석을 시도하고 있기 때문에 재일한인, 한국인, 일본인에 관한 정확한 심리구조를 파악하는데 많은 최신 자료와 정보를 제공하고 있다. 따라서 일본 현지에서 활동하는 목사, 선교사, 크리스천들이 한번쯤은 읽어 보아야 할 필독서가 되리라 본다.

　이 책이 나오기까지 여러 가지 형태로 도움을 주신 분들이 많다. 여기에 일일이 열거할 수는 없겠지만 특히 현지조사나 문헌자료 수집과정에서 많은 도움을 준 도쿄아야세동부교회 노학희 목사, 와세다대학의 츠츠미 카즈나오, 일본수도대학의 정근하 형제에게 감사의 뜻을 전한다. 또한 집필자들은 일본에서 오랫동안의 생활경험을 통해 연구의 필요성과 영감을 받아왔으며 친절한 일본 크리스천들에 대한 빚진 자의 마음을 이 책을 통하여 조금이나마 보답하는 길이 될 것으로 위안을 삼는다.

    끝으로 졸고의 출판에 적극 협조하여 주신 예영커뮤니케이션의 김승태 사장님과 편집진들에게 진심으로 감사드리는 바이다.

2010년 2월
임영언

추천사
책머리에
들어가며

제1장. 일본 기독교의 전개와 성장과정 · 19
1. 중세 로마 카톨릭의 전래 · 21
2. 개신교(프로테스탄트)의 전래 · 25
3. 메이지시대와 태평양전쟁 · 26
   1) 에도시대 말기(1853~1867) | 2) 메이지시대(1868~1912) | 3) 기독교의 부흥과 교파의 형성 | 4) 기독교가 일본교육계에 미친 영향

제2장. 기독교의 박해와 일본선교 역사 · 37
1. 메이지시대-천황 중심의 국가주의 대두 · 42
2. 다이쇼시대(1912~1926) · 49
3. 쇼와시대(1926~1945 : 태평양전쟁 종결까지) · 51
4. 해방 전후 일본의 저명한 기독교인 · 55
   1) 우치무라 간조(內村鑑造 : 1861~1930) | 2) 야마무로 군페이(山室軍兵 : 1872~1940)
   3) 카가와 토요히코(賀川豊彦 : 1888~1960)
5. 해방 이후 일본 기독교의 정체현상 · 62
   1) 일본 기독교의 정체와 교세 | 2) 카톨릭교회 | 3) 개신교회 | 4) 정교회
   5) 일본 기독교계 전쟁책임과 사죄

제3장. 일본 기독교와 현대 한일관계 · 69
1. 일본의 종교정책과 조선의 기독교 · 71
2. 일본에서 재일한국 · 조선인의 기독교 · 72
3. 한류와 기독교 · 74
4. 일본 기독교의 현재와 전망 · 76

제4장. 일본의 문화적 특징과 이민교회의 성장 · 81
1. 일본의 문화적 특성과 기독교 정체 · 83
2. 조사대상자의 개인적 특성 · 85
3. 일본문화의 특성과 기독교 성장 사례 · 90
   1) 일본계 기독교의 정체와 한국계 기독교의 성장요인 | 2) 한일 교회간 교류 및 협력활동 가능성 | 3) 향후 일본에서의 선교활동 방향에 관한 전망 | 4) 선교활동 상의 문화적 갈등과 해결점

제5장. 한국계 이민교회와 문화적 갈등 · 99
　　1. 한일 문화적 차이와 선교방안 · 101
　　2. 한일 사회구조와 행동양식의 차이 · 103
　　　　1) 전도방법 | 2) 사회생활 | 3) 교회규모 | 4) 집회형태 | 5) 행동력과 추진력
　　　　6) 언어표현 | 7) 기도방식 | 8) 교회중심 대상 | 9) 교회생활
　　3. 한일기독교의 문화적 갈등 · 114
　　　　1) 목사의 권위 | 2) 교회이미지 | 3) 크리스천 이미지 | 4) 세례의식 차이
　　　　5) 리더십의 차이 | 6) 교회회원등록 차이 | 7) 일본인의 종교심

제6장. 한국계 이민교회의 선교활동과 문화적 적응 · 123
　　1. 문화적 적응에 대한 이론적 검토 · 125
　　2. 이민교회의 활동과 참여도 · 129
　　3. 한국계 이민교회의 문화적 적응 사례 · 133
　　　　1) 한국계 이민교회 | 2) 일본교회의 한국인 선교사와 문화적 적응 전망
　　　　3) 이민교회 및 한국선교사의 문화적 적응과 선교전략

제7장. 일본 복음화전략과 글로벌 선교네트워크 · 163
　　1. 후쿠오카 CCC 복음센터 설립과 일본선교전략 · 165
　　2. 자립자생과 한일연합 상생선교 전략 모델구축 · 169
　　3. 일본사역현장에서의 선교활동과 한일협력사역 · 173
　　　　1) 일본 청년 대학생 캠퍼스 및 제자화 사역 | 2) 예수 캐라반 및 미전도지 교회
　　　　개척 지원사역 | 3) 나가노 프로젝트 | 4) 한일선교협력의 일환으로 본 나가노
　　　　지역의 유학생 선교사 프로젝트 | 5) 예수비전선교회와의 협력 | 6) 한일사랑방
　　　　공동체-은식사랑방 오픈

결론 · 195
　　1. 요약 및 결론 · 197
　　2. 일본 복음화의 당면과제와 전략적 실행방안 · 199
　　3. 일본선교의 전망 · 204

참고문헌

[들어가며]

　　일본의 기독교는 카톨릭 예수회 소속인 프란시스코 자비에르가 1549년 일본에 전파한 이래 약 460년이 지났으며 개신교 역시 150년의 역사를 가지고 있다. 하지만 일본의 기독교인 수는 2008년도를 기준으로 개신교가 약 62만 명, 카톨릭이 약 48만 명으로 일본인구의 0.88% 수준에 머물러 있다. 개신교만 따로 보았을 경우 약 0.4%정도로 1년간 세례교인 수가 약 8,000여 명이며 교회 수도 약 8,000여 개에 불과하다. 이는 한국교회가 약 5만 개의 교회와 약 1,200만 명의 신자수를 헤아릴 정도로 급성장한데 비해 일본 기독교의 성장속도가 매우 정체되어 있음을 알 수 있다[1].

　　한국의 기독교 역사는 약 100년으로 크리스천 인구는 전체 인구의 30% 정도로 높은 비율을 차지하고 있다. 이 중에는 개신교가 약 18.3%, 카톨릭이 약 11.7%를 차지하고 있다[2]. 개신교의 급성장과 대형교회의 증가로 세계선교에 대한 관심과 더불어 일본선교에 대한 관심도 고조되어 왔다. KWMA(한국세계선교협의회)의 자료에 따르면 2009년도 12월 현재 한국선교사 파견현황은 169개국에 20,445명으로 일본

---

1) キリスト新聞社編, 『キリスト教年鑑2008』(キリスト教新聞社. 2008), p.76.
2) 韓国世界宣教協議会(Korea World Mission Association : KWMA)에서 2008年 10月 1日에 実施한 설문조사 참조.

에만 1,378명이 활약하고 있다.[3]

한일양국의 기독교 교류는 1882년 신사유람단으로 도일한 이수정이 일본에서 세례를 받고 성서를 번역한 것으로 시작되었으며, 이것이 언더우드나 아펜젤러와 같은 미국인 선교사가 한국에서 복음을 전파하는데 큰 역할을 한 것으로 알려졌다.

최근에는 한국으로부터의 일본 기독교전파가 큰 관심의 대상이 되고 있다. 특히 1980년 이후 한국인들이 동경으로 대거 이동하면서 일본 도쿄 일부 지역에서는 교회 신자 수가 1,000명 이상에 달하는 한국계 교회가 등장하기 시작했다. 또한 2003년 한국드라마 '겨울연가'가 일본 NHK에서 방영되면서 한류열풍을 일으킨 바 있다. 이러한 한류 붐을 통하여 한국에 대한 일본인의 인식도 크게 바뀌기 시작하여 한국교회의 일본 선교 활동이 더욱 활기를 띠게 되었다.

일본에 존재하는 한국계 교회는 크게 세 가지 유형으로 분류된다. 하나는 올드커머가 중심인 약 100년의 선교역사를 자랑하는 재일대한기독교회이며, 또 하나는 1965년 한일국교정상화 이후 한국교단에서 파송되어 1980년대 이후 급격히 성장한 뉴커머 중심의 한국계 교회 그리고 일본인 중심의 일본계 교회이다.

현재 올드커머 중심교회인 재일대한기독교단은 약 100개로 역사가 오래된 만큼 일본 전역에 고루 분포되어 선교활동에 참여하고 있다. 이 교단은 1908년 도쿄 YMCA에서 모인 유학생들이 중심이 되어 창립된 이래 동경교회와 도쿄조선기독청년회를 설립하였으며 일본에서 식민지 후손으로 민족차별을 당해야 했던 재일한인의 인권활동과 권리옹호에 큰 역할을 담당해 왔다. 하지만 세례교인은 약 7천 명으로 소규모 그룹 중심의 교회가 주류를 이루고 있다.

---

3) KWMA(한국세계선교협의회) 2009. 12월 자료 참고.

1980년대 이후 급격히 증가한 한국계 뉴커머 중심교회는 A교회가 대표적이다. 1988년 창립예배를 시작으로 1997년 예배인원이 약 1천 명을 돌파하였고 일본 전역에 개척교회를 설립해 오고 있다. 또한 도쿄 가부키쵸에 개척한 B교회도 급속한 성장을 보이며 교인수 1천 명을 돌파하였고 일본 전역에 지교회를 개척하고 있다. 이와 같이 해방 전후부터 지금까지 일본 전체 기독교인 수가 0.8%에 정체되어 있는 상태에 비하면 1980년대 이후 뉴커머한국인에 의한 일본선교는 대단히 활발히 전개되어 왔음을 짐작할 수 있을 것이다[4].

그러나 대부분의 일본교회는 아직도 신자 수가 30명 미만인 미자립 소형교회들이다. 이 역시 한국인 중심의 교회가 대부분이고 일본인 중심으로 활동하는 교회는 그리 많지 않은 것으로 알려졌다. 한국인 선교사들이 일본을 대상으로 선교에 힘쓰고 있지만 일본인 기독교인 수는 해방 이후 거의 정체되어 있는 상태이다.

일부는 이러한 일본 기독교의 정체현상에 대하여 전통적인 단일민족 중심의 천황제, 혹은 한일 문화적 차이나 언어장벽 때문이라고도 한다. 하지만 이 책은 일본의 전통과 문화적 특징, 해방 전후 일본 교계지도자들에 의해 형성된 '청빈사상'과 '질적성장중시'라는 일본인의 기독교 정신 등이 일본 기독교 성장에 미친 영향에 대하여 살펴보고자 한다. 그리고 이러한 일본의 기독교 정체현상을 극복하고 일본교회가 성장하기 위한 선교전략으로서 한국과 일본의 교회가 상생 협력할 수 있는 글로벌 네트워크 구축 방안을 모색할 것이다.

이 책에서 사용하고 있는 자료는 일본크리스천 신문사의 통계자료, 문헌자료 그리고 일본현지에서 활동하는 한국인 및 일본인 크리스천,

---

4) 田嶋淳子(1998), 『世界都市・東京のアジア系移住者』, 学文社, pp.142-146.

목사, 선교사들을 대상으로 실시한 설문조사 결과이다. 설문조사와 인터뷰 조사의 내용들은 일본에서 한국계 이민교회에 다니고 있는 한일 크리스천들의 개인적 특성, 교회 내의 경제활동과 지위, 문화적 차이와 갈등, 문화적 적응, 네트워크 관계 등에 관한 풍부한 정보를 기반으로 구체적인 선교전략과 실례를 제공할 것이다.

제1장_ 일본기독교의 전개와 성장과정

이 장은 카톨릭과 개신교의 전래과정에서부터 일본 헌법에서 종교의 자유가 인정될 때까지, 각 시대별로 일본정부의 기독교정책 및 기독교 관련 저명인사의 개인사를 살펴볼 것이다. 즉 역사적 사실이자 해석의 여지가 비교적 적은 일본의 기독교정책을 우선 파악하고 그것에 대한 일반서민들의 기독교에 대한 반응을 기술하는 형태로 전개할 것이다. 또한 일본 기독교 관련 저명인사의 개인사를 더듬어가는 과정은 일본 기독교사를 다시 한번 검토하고 재정리한다는 측면에서 상당히 의미가 있을 것으로 생각된다.

제1장. 일본 기독교의 전개와 성장과정

1. 중세 로마 카톨릭의 전래

일본에 로마 카톨릭이 전래된 것은 지금으로부터 약 500년 전인 1549년이며 예수회(Societas Jesu) 신부인 프란시스코 자비에르(Francisco de Xavier : 1506~1552)[5] 일행이 같은 해 8월 15일 가고시마에 상륙한 이후부터 시작된다. 16세기 종교개혁에 반대했던 로마 카톨릭의 예수회에 의한 해외선교는 자비에르에 의해 극동의 나라 일본에까지 이르게 되었다. 자비에르는 인도에서 선교활동을 하던 중 일본인 야지로(弥次郎)와 만나게 되었으며 그를 통해 일본선교에 깊은 관심을 가지게 되었고, 가고시마에 상륙한 후 이치키(市来)를 비롯한 히라토, 야마구치, 교토에 이르기까지 전도하였다.[6]

예수회 선교의 특징은 선교사가 가는 선교지마다 교육기관을 설립하는 것이다. 예수회가 세계 각지에 설립한 교육기관의 수는 약 200개 이상이었다고 전해지고 있으며 일본선교에는 당시 신부인 발리냐노[7]가 헌신한 것으로 전해지고 있다. 이들이 세운 교육기관은 카톨릭교회 부속초등교육기관을 비롯한 Seminario[8], Collegio[9]등의 고등교육기관으로 유럽의 학문, 기술, 예술 등을 일본에 처음으로 소개하였다. 그리

---

5) Francisco Xavier(1506~1552) 일본에 처음으로 기독교를 전파한 스페인 선교사.
6) 小笠原政敏(1974), 『教会史·下』, 日本基督教出版局, p.254.
  笠原一男編(1977), 『日本宗教史Ⅱ』, 山川出版社, p.154.
  五野井隆史(1990), 『日本キリスト教史』, 吉川弘文館, pp.3~8.
7) Alexandro Valignano(1539~1606) 이탈리아 선교사. 예수회의 동양 순찰사로 1579년부터 1598년까지 일본에 3회 방문했다. 오토모 소린(大友宗麟) 등, 九州의 유지들을 개종시켰으며, 활자 인쇄기를 도입하여 기리시탄판을 출판함.

고 이들 선교사들을 통하여 활자 인쇄술이 보급됨에 따라 Collegio에서 많은 도서가 출판되었다. 예수회는 교육 및 출판사업과 더불어 의료사업에도 힘을 쏟았고, 일본 오이타부내(大分市府內)를 비롯하여 각지에 병원과 육아원을 설립하였으며 구제사업도 적극적으로 실시하였다.

1582년에는 큐슈의 기리스탄 유지로 알려진 오오토모 요시시게(大友義鎭), 오무라 스미타다(大村純忠), 아리마 토키노부(有馬時信)는 발리냐노의 권유로 이토 스케마스(伊藤祐益)를 비롯한 소년사절을 로마에 보낸바 있다. 그들은 교황 그레고리우스(Gregorius) 13세를 알현하고, 이탈리아 각지에서 성대한 환영을 받았으며 1590년 무사히 귀국하게 된다.

자비에르에 의한 카톨릭 전파 이래 로마 카톨릭은 약 40년간 기타큐슈(北九州)와 긴끼지방(近畿地方)을 전도의 중심으로 삼았으며 신자 수가 약 20만 명(당시 인구의 약 1%)에 달하는 큰 성과를 거두었다.

카톨릭이 전래된 당시 일본은 군웅이 할거하는 전국시대로 중앙정부인 무로마치막부(1336~1573)의 권위가 약화되고 각지에서는 '전국다이묘'라고 불리는 지방 영주가 할거하던 대혼란의 시대였다.

자비에르는 큐슈지방 사츠마(현재 큐슈지방 가고시마현)를 지배하던 시마즈(島津)의 마음을 사게 되어 선교활동을 시작하였다. 자비에르는 단기간 일본에 체류하였지만 그가 일본을 떠난 후에도 예수회의 선교사를 중심으로 선교활동은 계속되었다. 루이스 프로이스(Luis Frois : 1532~1597)는 당시 유력한 다이묘인 오다 노부나가(織田信長 : 1533~1582)의 비호를 받으면서 선교활동을 지속하였다. 카톨릭이 일본에

---

8) 포르투갈어. 예수회의 선교사가 일본인 성직자 양성을 목적으로 1580년에 개설한 학교. 安土, 有馬에 설립되어 기독교, 라틴어, 음악, 수학 등을 가르쳤다. 1614년 막부의 금교령에 의해 폐쇄됨(大辭林提供).
9) 성직자 양성과 서구문화를 일본에 널리 전파하기 위해 예수회의 발리냐노가 설치한 학교. 신학, 종교학, 철학, 자연과학, 라틴어 등 고등교육을 실시했다. 1580년 분고(豊後)의 오이타부내(大分市府內)에 설립되어 박해를 받아 天草와 長崎에 이전했다. 사전과 이야기책을 출판했으며 1614년 폐쇄됨(大辭林提供).

전래된지 얼마 되진 않았지만 다이묘에서부터 일반 서민에 이르기까지 신자 수가 증가하였고 아리마 하루노부(有馬晴信 : 1567~1612)와 다카야마 우콘(高山右近 : 1552~1615)이라는 기리시탄 다이묘가 탄생하였다.[11]

당시 신토의 토착 신앙이나 불교가 강했던 일본에 카톨릭이 급속히 전파된 이유는 예수회가 일본인의 민도를 살피면서 일본인에게 적합한 선교방법을 선택했던

사진1) 프란시스코 자비에르[10]

영향이 컸다. 예를 들면 일본인 대상의 일본어 교리문답서 작성, 일본인 사제의 양성, 학교의 설립 등이 있다.[12] 반면에 기리시탄 다이묘가 신앙을 가지게 된 동기는 카톨릭의 가르침 자체에게 깊은 감명을 받은 점도 있으나 선교사들의 출신국인 포르투갈이나 스페인과의 무역에 의한 이윤을 기대했던 점도 있었다.[13]

그러나 오다 노부나가가 부하에게 배반을 당하여 자살한 후 유력한 다이묘로 등장한 도요토미 히데요시(豊臣秀吉 : 1537~1598)는 카톨릭에 대하여 엄격한 태도를 견지하였다. 처음에 히데요시는 카톨릭의 선교를 용인하였지만 1587년에는 돌연히 금교령을 내리고 선교사의 국외 추방령을 지시하였다. 이러한 금교령은 철저하게 지켜지지는 않았으

---

10) 사진은「特集聖フランシスコ・ザビエル生誕500周年(1506年 4月 3日~1552年 12月 3日)」, カトリック中央協議会ホームページ, 〈http://www.cbcj.catholic.jp/jpn/feature/xavier500/index.htm〉 (検索日 : 2009年 7月 5日), (検索日 : 2009年 7月 6日)에서 인용함.
11) 당시 일본에서는 크리스천을 기리시탄이라고 불렀음.
12) 鈴木範久(2001),『日本キリスト教史物語』, 教文館, p.20.
13) 위의 책, p.23 및 吉永正春(2004),『九州のキリシタン大名』, 海鳥社, pp.24~26.

나 히데요시의 병사 후 1603년에 에도막부(1603~1867) 시대를 개막한 도쿠가와 이에야스(德川家康 1543~1616)는 카톨릭에 대해 한층 가혹한 정책을 펼쳤다. 1614년에 금교령이 내려져 선교사와 신자들이 국외로 대거 추방당하였고 이에 따르지 않는 자는 순교를 당하게 되었다. 이 시기에 막부는 백성을 반드시 사원에 등록시키는 '단가제도(檀家制度)'를 실시하였다. 에도막부에 의해 취해진 카톨릭 금교령은 당시 총인구 1,000만 명 이상 중 30~40만 명을 차지한 카톨릭 신자들이 거의 사라질 정도로 가혹한 것이었다.[14] 그리고 간신히 살아남은 일부 사람들만이 '숨은 크리스천(隠れキリシタン)'이라고 불리며 은밀히 신앙을 지켜나갔다.

　도요토미 히데요시와 도쿠가와 이에야스가 실시한 금교령의 배경에는 카톨릭 선교사들의 출신국인 포르투갈과 스페인 등에 대한 경계심이 컸던 것으로 전해지고 있다. 이들 선교사들은 당시 제국주의 앞잡이로 간주되었는데, 이는 일본 전국을 평정한 이들이 일본 내의 사상적 통제와 일체화를 시도했기 때문이었다.[15]

　일본전국에 카톨릭 금교령이 내려진 가운데 일본 각지에서 카톨릭 신자에 대한 대대적인 단속이 행해졌다. 1637년 큐슈에서는 '시마바라의 난(島原の乱)'이 발생했다. 이것은 영주의 가혹한 징세 때문에 견디기 힘들었던 농민이 일으킨 반란으로, 많은 카톨릭신자들이 가담하였다. 반란의 지도자는 청년 카톨릭신자인 아마쿠사 시로(天草四郎 : 1621~1638)로 알려졌다. 에도막부는 다음해인 1638년 4월에 반란을 진압하고, 가담한 신자 약 36,000여 명을 처형했다. 1639년 에도막부는 포르투갈선의 일본내항을 금지하였고 쇄국(청조나 네덜란드 이외의 국가와는 교역금지)정책이 확립되었다.

---

14) 末木文美士(2006年), 『日本宗教史』, 岩波書店, p.126.
15) 鈴木, pp.32~35.

2. 개신교(프로테스탄트)의 전래

일본 개신교의 전래는 미국 개신교 각 교파와 밀접한 관련을 맺고 있으므로 일본 개신교의 역사와 성격을 논의할 때 반드시 미국 개신교와의 관계를 고려해야 한다. 미국 개신교가 일본에 처음 전래된 것은 1859년 무렵이다. 먼저 개신교 감독교회로부터 존 리킨스[16]와 차닝 윌리암스[17]가 나가사키항에 상륙하여 활동했다. 같은 해 미국 장로교의 선교사 제임스. C 헤번[18]이 카나가와에, 미국 네덜란드 개혁파 교회의 사무엘. R. 브라운과 디안. B. 시몬이 선교의사로 카나가와에 도착하였고, 카이트. F. 풀백이 나가사키에 상륙하여 활동했다.

1858년 미일수호통상 조약이 체결되어 미국인이 거류하는 지역에 종교의 자유가 확보되었고 교회의 설립도 허가되었다. 그러나 일본인에 대한 선교활동은 금지되었기 때문에, 미국 선교사들은 선교활동이 허락되기까지 일본어 연구와 성서 번역에 전력하였고 진료소와 양학학원 등을 개원하면서 선교의 문이 열리기를 기다렸다.

1860년에는 미국 침례교(Baptist)의 조나단 고블(Jonathan Goble)이, 61년에는 미국 네덜란드 개혁파교회의 제임스 바라, 2년 후 미국 장로교회의 데이비드 톰슨이 각각 카나가와에 도착했다. 1869년에는 아메리칸보드[19]에서 다니엘. C. 크린이 고베에, 1873년에는 미국 메소디스트 감독교회의 메리만. C. 하리스가 홋카이도의 하코다테에, 그리고 같은 해에 캐나다 메소디스트교회의 조지 카크란과 데이비슨 맥도널드가 요코하마에 선교사로 파송되었다. 이탈리아 국교회전도회에서는 조지엔솔과 해외복음 전도회의 W. B. 라이트와 C. 조가 1873년 일본에 파견되었다.

---

16) John Liggins(1829~1912) : 미국성공회에서 파견된 선교사.
17) Channnig Moore Williams : 1859년 존 리킨스와 함께 나가사키에 상륙, 영어 교사로 활약.
18) James Curtis Hepburn (1815年 3月 13日–1911年 6月 11日) : 미국 장로교회계 의료전도 선교사로 헤번식 로마자 창시자.
19) American Board of Commissioners for Foreign Missions.

1873년 개신교 선교를 금지한 법이 철폐되자 세계 각 교파의 선교사들이 일본에 상륙하기 시작했고 선교활동에도 활기를 띠었으며 일본 전국 도시를 비롯한 농어촌까지 교회가 설립되기에 이르렀다. 이 시기의 선교활동은 외국에서 온 선교사들이 주도하였지만 점차 선교활동의 주체가 일본인으로 바뀌어 가기 시작했다.[20]

3. 메이지시대와 태평양전쟁

1) 에도시대 말기(1853~1867)

미국의 페리(Matthew Calbraith Perry : 1794~1858) 제독이 이끄는 함대가 1853년 우라가(浦賀)에 도착한 이후 일본은 구미제국에 대한 개항을 피할 수 없게 되었다. 이들 구미제국은 거류지에 대해서 신앙의 자유를 요구하였고 막부도 이것을 인정하였다. 이렇게 함으로써 외국인 선교사들이 다시 일본에 입국하게 되었다.[21]

에도막부는 1867년 조정에 통치권을 반환한다고 하는 '대정봉환'을 실시하여 1868년에는 제15대 장군 도쿠가와 요시노부(德川慶喜 : 1837~1913)가 막후의 반군에 항복함으로써 에도막부시대는 막을 내렸다. 1868년 메이지 신정부는 구미 열강의 위협에 대항하기 위해서 부국강병을 추진하고 천황을 국민 통합의 상징으로 내세우게 되었다.

메이지시대부터 일본의 패전까지 일본 기독교사를 보면 금교령이 해제되고 선교가 활발해졌지만 개신교의 사상과 신조가 천황제와는 다르다는 이유로 정부의 엄격한 감시와 통제 하에 놓이게 되었다.

---

20) 小笠原政敏(1974), 『教会史・下』, 日本基督教出版局, p.265.
21) 위의 책, pp.58~61.

〈표 1〉일본의 기독교 인구의 추이 : 에도 말기-메이지시대(1865~1912)[22] (단위 : 명)

연도	개신교	카톨릭	정교	신자수합계	성직자합계	총수	인구수	인구비(%)
1865	1	-	-	-	-	-	-	-
1866	3	-	-	-	-	-	-	-
1868	7	-	-	-	-	-	-	-
1869	11	-	-	-	-	-	-	-
1873	59	-	-	-	-	-	-	-
1874	131	-	-	-	-	-	-	-
1875	307	-	-	-	-	-	-	-
1876	596	-	-	-	-	-	-	-
1877	836	-	-	-	-	-	-	-
1882	5,092	-	-	-	-	-	-	-
1888	23,026	35,560	15,000	-	-	-	-	-
1891	31,361	44,505	18,000	-	-	-	-	-
1897	36,207	52,806	24,000	-	-	-	-	-
1901	50,785	56,321	28,000	-	-	-	-	-
1907	71,813	60,395	34,000	-	-	-	-	-
1912	83,638	67,487		-	-	-	-	-

2) 메이지시대(1868~1912)

메이지 정부는 에도시대의 기독교 금지를 그대로 유지하고 있었다. 1868년에는 다음과 같은 '고보의 게시'를 통하여 개신교를 엄격히 통제하였다.

"切支丹邪宗門ノ儀ハ堅ク御制禁タリ若不審ナル者有之ハ其筋ノ役所ヘ可申出御褒美可被下事."[23]

---

22) キリスト新聞社編(1985年), 『キリスト教年鑑 1985』, キリスト新聞社, pp.454-455.
  주1 「-」은 통계에 수치가 기재되지 않아 부정확한 부분임.
  주2 표의 각 연도의 숫자는 그 해에 보고된 것, 또는 기록으로서 남겨진 것으로서 연도로 구분된 통계에 의한 숫자가 아님.
  주3 정교도의 각 연도의 통계에 대해서는 牛丸康夫(1978年), 『日本正教史』, 日本ハリストス正教会教団, pp.66~67(1880년 기재), p.78(1884년 기재, 매년 1,000명이상의 비율로 증가하고 있다고 기재됨), p.79(1885년 기재), p.85(1903년 기재), p.89(노일전쟁시 기재) 참조. 이상의 정보를 바탕으로 개신교와 카톨릭 인구가 기재되어 있는 1988년, 1891년, 1897년, 1901년, 1907년 당시의 신자를 추측하여 기재함.

에도시대의 기독교 금지를 이어온 메이지 정부는 구미열강으로부터 자신들이 믿고 있는 종교를 금지하고 모욕하는 것을 묵과할 수 없다는 강렬한 항의를 받게 되었다. 메이지 정부의 중심인물인 오쿠보 도시미치(大久保利通 : 1830~1878)와 이토 히로부미(伊藤博文 : 1841~1909)도 막부 말기에 체결된 불평등조약을 개정하기 위해서는 기독교 금지의 해제가 반드시 필요하다는 것을 깨닫게 되어 1873년에 기독교 금지를 해제하였다.[24] 1587년 도요토미 히데요시가 금교령을 내린 이후 약 300년 정도 지속된 기독교 금지의 시대는 이렇게 막을 내리게 되었다. 같은 해 일본에서 최초의 개신교 교회가 설립되었다.[25] 또한 메이지시대 초기에 기독교를 받아들인 자의 대부분은 에도막부를 지지하였지만 이후에는 메이지 정부에 패한 구무사계급(사무라이계급) 출신자들이 많았다. 정권 몰락의 쓰라린 경험을 맛본 이들은 정신적으로 의지할 곳을 탐색하고 있었으며 후에 이들 사무라이계급은 개신교의 중심세력으로 등장하게 되었다.[26]

3) 기독교의 부흥과 교파의 형성

1877년에는 일본교회의 주류를 이루는 교파가 형성되기 시작했다. 요코하마 밴드(横浜バンド)는 일본기독공회와 미국 장로파, 미국 개혁파(네덜란드), 스코틀랜드 장로파 등의 선교사들과 합동하여 일본기독일치교회를 조직하였다.

L. L 제이슨 대위가 감화를 받아 하나오카야마(花岡山)의 '봉교회의서(奉教会意書)라는 서약을 통해 결성된 구마모토 밴드(熊本バンド)를 모

---

23) 일본고어체로 쓰여 있는데 번역하면 "기독교를 믿는 것을 엄격하게 금지한다. 만약 그와 같은 자가 있다면 시청이나 구청에 신고하면 상이 주어진다."라는 의미이다. '아종문(邪宗門)'이란 사람의 마음을 현혹하여 사회질서를 어지럽히는 종교(아교)를 말함. 에도시대에는 이와 같이 불렀다.
24) 앞의 책, p.77.
25) 蔵田雅彦(1991년), 「日韓キリスト教比較研究－教会史的視点を中心にして－」, 総合研究所報 17(1), 桃山学院大学, pp.3~20.
26) 위의 논문, p.7.

체로 일본 조합교회가 아메리칸보드의 협력과 니지마(新島)의 지도하에 교토, 오사카, 고베의 기독교 공회를 중심으로 조직되었고(1886년) 나중에 교회회중주의로 활동하게 된다[27].

삿뽀로 밴드(札幌バンド)는 윌리암스. S. 클라크의 감화에 의해서 '예수 믿는 자들의 계약'을 받아들인 삿포로 농업학교 학생들을 중심으로 만들어진 조직이며 이 교파에서 새롭게 형성된 교파는 없었다. 예외적으로 우치무라 간조(內村鑑三 : 1861~1930)의 기독교가 있다. 일반적으로 잘 알려진 각 교파의 특징을 살펴보면 삿뽀로는 개인주의적인 성향, 요코하마는 교회주의적 성향, 구마모토는 국가주의적 성향이 강했다. 이들 세 조직이 가지고 있었던 공통적인 특징은 애국적이며 독립정신이 강했다는 점이다. 기타 교파로는 성공회, 침례교파, 메소디스트파, 침례파 복음교회, 미보교회, 자유 메소디스트교회, 프렌드파, 남부일치 루터교회, 세븐데이 어드밴티스트파 등이 있다.

이러한 다양한 교파가 생겨나면서 교파간의 협력관계도 강화되어 선교에 주목할 만한 성과를 거두었다. 공회주의는 붕괴되었지만 일본 전국 기독교신자들의 화목회에서 볼 수 있는 바와 같이 기독교 집단으로서 초교파 선교는 복음전파에 큰 역할을 담당하였다. 1878년 '제일회'가 시작되었고 제3회 대회에서는 전국적인 교회성장으로 이어져 경이로운 양적 성장을 이루게 되었다.

(1) 카톨릭

카톨릭은 파리 외국선교회가 독점적으로 선교활동을 시작했다. 외국인 선교사들에게 카톨릭 선교가 허용된 1857년에 선교사인 세라핀 지라드(Prudence Seraphin-Barthelemy Girard : 1821~1867)가 에도영사

---

27) 당시 선교사를 파송하는 단체인 아메리칸보드의 본부는 보스톤에 있었다. 보스톤 근교에 있는 하버드대학 호톤 도서관에는 이 건물에서 살았던 선교사들이 남긴 기록이 오늘날에도 보존되어 있다.

관의 사제로 도일하여 1862년 처음으로 요코하마(橫浜)에 카톨릭교회를 세웠다. 또한 버나드 쁘티장(Bernard Petitjean : 1829~1884) 신부는 1865년 나가사키(長崎)에 오우라(大浦)천주교회를 세우고 우라가미(浦上)에서 쇄국 후에도 신앙을 지켜온 카톨릭 신자의 후손들과 만나게 된다.[28] 그들이 바로 '우라가미 기리시탄' 들이다.

그러나 이들 '우라가미 기리시탄' 들에게는 가혹한 처분이 기다리고 있었다. 우라가미 천주교회에서 신앙생활을 하기 위해 절과의 관계를 끊으려 하다가 막부에 의해 붙잡히게 된 것이다. 이에 프랑스를 비롯한 구미제국은 강렬하게 항의했지만 결국 에도막부를 계승한 메이지 신정부는 1868년에 '우라가미 기리시탄' 들을 유죄 판결하였다. 3,000여 명의 신자들은 1873년에 카톨릭 금지가 풀릴 때까지 일본 중부 나고야 서쪽지역의 몇 곳의 번에 맡겨졌다. 각 번에서는 신앙을 버리도록 설득하였으며 국수주의적인 경향이 강한 번에 맡겨져 결국 옥사한 신자도 발생했다.[29]

그 후에도 쁘티장은 메이지시대 카톨릭 선도의 중심 인물로 활약했다. 카톨릭 신자 수도 1873년에 15,000명, 1884년에 30,230명, 1904년에 58,000명, 1912년에는 67,000명으로 계속 증가했다.[30] 하지만 프랑스와 메이지 신정부의 관계가 약하여 파리 외국선교회의 활동에도 영향을 주었으며 에도시대에 가혹하게 탄압당했다는 이유 때문에 일본인들도 카톨릭에 대한 불신감을 가지고 있었다. 한편 카톨릭교회도 일본인 신자의 자유로운 활동을 허용하지 않았고, 개신교와 같은 많은 교육기관도 설립하지 않았다. 개신교와 비교하여 카톨릭이 일본사회의 사상이나 교육면에서 일본에 미친 사회적 영향은 그다지 크지 않았

---

28) 「日本のカトリック教会の歴史概説」, 「カトリック中央協議会 : Catholic Bishops' Conference of Japan」, 〈http://www.cbcj.catholic.jp/jpn/bigin.htm〉, (検索日 : 2009年 5月 31日).
29) 鈴木, pp.70~76.
30) 「日本カトリック教会の歴史」, カトリック仙台司教団ホームページ,
   〈http://www.sendai.catholic.jp/history2.htm#historyⅱ〉, (検索日 : 2009年 6月 20日).

다고 할 수 있다.[31]

(2) 개신교(프로테스탄트)

세 개의 종파 중에서 가장 많은 선교사들이 일본을 방문하였고 많은 교파가 생긴 개신교는 신·구약 성서의 일본어 번역도 1897년에 완성하였다. 신자 수는 '대일본제국헌법' 발포 전년도인 1888년에는 23,026명, 다이쇼 원년인 1912년에는 83,638명으로 추정된다.[32] 많은 교파가 형성되었지만 대표적인 것으로 일본성공회, 일본기독일치교회, 일본조합기독교회, 침례교회, 감리교회 등이었다. 이들 교파에 대하여 순서대로 자세히 살펴보면 다음과 같다.

먼저 일본성공회는 미국감독교회, 영국교회전도회사, 영국복음전파회사 등 3사가 1887년에 합동으로 설립한 교회이다.[33] 또한 미국성공회의 선교사 존 리긴스(John Liggins : 1829~1912)와 윌리암스(Channing Williams : 1829~1910)는 일본을 최초로 방문한 개신교의 선교사이다. 윌리암스는 1859년 나가사키에 입항하였고 1874년에는 도쿄 츠키지에 릿쿄학교(나중에 릿쿄대학)를 설립하였다.[34]

두 번째로 일본기독일치교회는 1877년 미국장로교회, 미국(네덜란드)개혁파교회, 스코틀랜드일치장로교회, 일본기독공회, 미국부인합동전도회 등이 합동으로 결성한 교회이다.[35] 덧붙여서 이들 중에서도 일본기독공회는 1872년에 선교사 제임스 발라(James Ballagh : 1832~1920)와 11명의 일본인 선교사에 의해서 설립된 일본 최초의 개신교 교회였다. 초기에는 교파를 초월한 협력을 지향하고 있었지만 점차 장로주

---

31) 海老沢·大内, pp.123~125.
32) キリスト新聞社編(1960年), 『キリスト教年鑑 1960』, キリスト新聞社, pp.321~322.
33) 海老沢有道·大内三郎(1970年), 『日本キリスト教史』, 日本基督教団出版局, pp.201~203.
34) 『歴史·沿革』, 立教大学홈페이지〈http://www.rikkyo.ac.jp/aboutus/philosophy/spirit/history/〉, (검색일 : 2009년 7월 5일).
35) 海老沢有道·大内三郎, p.202.

의 편향을 띠게 되었다.[36] 다만 1886년의 일본조합기독교회(후술)의 결성 시 일치교회는 조합기독교회에 대해서도 합동을 호소하였다. 이러한 시도는 조합협회 측의 반대가 심해 무산되었지만 일치교회의 초교파적 성향(에큐메니컬리즘)을 잘 나타내고 있다고 볼 수 있을 것이다.[37]

세 번째로 일본조합기독교회는 미국전도회사를 모체로 하여 설립된 교회이다. 당초 일본기독공회의 방침에 따라 협력하려고 했지만 나중에 구마모토의 일본인 선교단(구마모토 밴드)과 합류하였다. 메이지 10년대 후반에는 일본기독일치교회의 교세를 초월하는 일본선교의 선구자 역할을 담당하였다.[38]

네 번째로 침례교계교회의 선교는 1860년에 시작되었지만 본격화된 것은 1872년부터이다. 1873년에는 선교사 나단 브라운(Nathan Brown : 1807~1886), 조나단 고블(Jonathan Goble : 1827~1898)이라는 두 가정의 헌신으로 요코하마에 교회가 설립되었고 관동지역 위주의 선교를 담당하였다. 1889년에는 미국 남침례교회가 큐슈에서 선교를 시작하게 되었다.[39] 이 교파의 특징은 "신앙이란 개인의 의사에 의해 선택되는 것이라고 생각하여 유아세례는 인정하지 않는다. 또한 누구든지 이 교파에서 세례를 받을 때에는 전신을 물로 적시는 침례를 행한다."라는 규칙이 있다.[40]

다섯 번째로 감리교계교회는 1873년에 일본에 진출한 미국 감리교교회와 캐나다 감리교교회, 그리고 1886년에 진출한 미국 남감리교회 등이 있다. 1892년에 3개의 교파가 합동하려는 움직임이 있었지만 결국 성공하지 못했다.[41]

---

36) 위의 책, pp.190~191.
37) 古屋安雄(2003年), 「日本のキリスト教」, 教文館, p.220.
38) 海老沢・大内, p.202.
39) 위의 책, pp.206~207, 「教会の歴史」, 「日本バプテスト横浜教会ホームページ」, 〈http://www.yokohama-baptist-church.org/wordpress/?page_id=4〉, (2009年 6月 2日 検索).
40) 「教会紹介」, 「日本バプテスト同盟 横浜南キリスト教会ホームページ」, 〈http://yokohamaminami.baptist-church.net/Intro.html〉, (2009年 6月 2日 検索).

(3) 정교회

정교회의 일본전파에 관해서는 러시아인 선교사 니콜라스 카사트 킨(Nicholas Ivan Dmitrievich Kasatkin : 1836~1912)의 영향이 크다. 니콜라스가 일본을 방문한 것은 1861년으

사진2) 도쿄 부활대성당(니콜라이당)

로 홋카이도의 현관문격인 하코다테였다. 당시 니콜라스는 일본의 문화와 풍습을 상당히 잘 이해하고 있었고 처음부터 일본인에 의한, 일본인을 위한 정교회를 지향하고 있었다. 1872년에는 도쿄로 본거지를 옮기고 적극적으로 선교활동을 시작했다. 1887년 신자 수는 벌써 15,000명을 넘어섰고[42] 1891년에는 니콜라스대성당(도쿄 부활대성당)이 완성되었다.[43]

그러나 1904~1905년에 발발한 러일전쟁으로 러시아 유래의 정교회는 일본인들에게 적대시되고 만다. 더욱이 1917년의 러시아혁명으로 러시아 정교회는 강한 탄압을 받아 일본 정교회를 지원할 수 없게 되었고 이후 교세의 정체가 계속되었다. 1919년 일본 하리스토스 정교회는 모국 러시아의 정교회로부터 사실상 독립하였다.[44]

---

41) 海老名・大内, pp.207~211.
42) 「日本カトリック教会の歴史」, カトリック仙台司教会ホームページ,
 ⟨http://www.sendai.catholic.jp/history2.htm#historyⅱ⟩, (検索日 : 2009年 6月 20日).
43) 写真は, 「東京復活大聖堂(ニコライ堂)」, ホームページ,
 ⟨http://www.orthodoxjapan.jp/annai/t-tokyo.html⟩, (検索日 : 2009年 7月 6日).
44) 牛丸康夫(1978), 「日本正教史」, 日本ハリストス正教会教団府主教庁, pp.123~124.

4) 기독교가 일본교육계에 미친 영향

일본에서 카톨릭과 개신교의 세력이 확장됨에 따라 기독교 정신(카톨릭과 개신교)에 입각한 학교들이 본격적으로 설립되기 시작하였다. 메이지 22년(1889년)까지 설립된 기독교계 학교는 여학교만 40개가 넘었다. 1874년 릿쿄학원(立教学院)을 시작으로 1887년에는 아오야마학원(青山学院), 도시샤학원(同志社), 메이지학원(明治学院), 도호쿠학원(東北学院), 칸사이학원(関西学院)대학 등이 설립되었다. 특히 훼리스여학원(1870년) 등, 여성교육에 있어서 기독교계가 일본 사회에 미치는 영향은 매우 컸다.

외국인선교사들은 교육사업을 단지 선교수단으로만 이용한 것은 아니었다. 그들은 일본의 국민수준을 향상시키기 위해 교육사업을 지원하였으며 이는 개혁적인 전통이 강한 미국 개신교의 전통적인 선교방법이었다. 실제로 미국인 선교사들 대부분이 신앙인이면서 동시에 뛰어난 교육자들이었다.

사진3) 조치대학 이그나치오성당

교육사업으로 개신교 선교사와 관련이 깊은 영어 및 여성교육을 위한 교육기관들은 현재 명문학교로 남아 있는 곳도 많다. 예를 들면 미국부인 교수소(アメリカ教授所 : 1871년 창립, 현재 요코하마 공립학원), 도시샤분교 조코조(同志社分校女紅所 : 1877년 창립, 현재의 도시샤여학교), 고쿄학사(耕教学舎 : 1878년 창립, 현재 아오야마학원), 메이지 학원(明治学院大学 : 1886년 창립, 현재 메이지학원대학), 조치대학(上智大学 : 1909년 창립) 등이 있다.[45]

　　외국인 선교사들은 선교뿐만 아니라 교육과 사회복지사업에도 관여하여 일본의 근대화에 많은 공헌을 하였다.

---

45) 鈴木 86-87頁 ならびに, 『明治学院大学の歴史と現在』, 「明治学院大学ホームページ」,
　　〈http://www.meijigakuin.ac.jp/guide/history.html〉, (検索日 : 2009年 6月 4日)
　　『HISTORY CHART』, 「上智大学ホームページ」,
　　〈http://www.sophia.ac.jp/J/first.nsf/Content/spirit01〉, (検索日 : 2009年 6月 4日)
　　사진은 「キャンパスフォトグラフ」, 上智大学ホームページ.
　　〈http://www.sophia.ac.jp/J/photo.nsf/Content/2005autumn_01〉, (検索日 : 2009年 7月 6日),
　　전방의 원형건물과 첨탑은 성이그나치오교회 전경이며 일본 내 최대 카톨릭교회임.

제2장_ 기독교의 박해와 일본선교역사

이 장에서는 일본 기독교의 전개역사와 선교과정에 대하여 살펴보고자 한다. 스미야 미키오 (隅谷三喜男)의 주장에 의하면 일본선교의 역사는 제1기~제3기로 분류할 수 있다. 제1기는 서구문명의 수용과 메이지 전반기의 선교활동, 제2기는 메이지유신과 천황제 중심의 근대화 추진, 제3기는 일본 패전과 전통 사회의 붕괴 등이다.

제2장. 기독교의 박해와 일본선교 역사

　　일본 선교의 역사 가운데 제1기는 일본이 서구문화를 수용하는 과정에서 선교가 금지되었던 시기를 견뎌내고 선교활동을 재개한 메이지 전반기이다. 이 시기는 지금까지의 일본 개신교 역사상 가장 화려했던 선교활동 시기로, 즉 "때가 꽉 찬" 시기였다. 메이지유신(明治維新)은 일본 근대화 과정으로 열심히 서구의 문화를 도입하던 시기였다. 기독교는 일본이 서구문화를 수용하는 창구로서 일부 지도자들의 경계와 위협을 무릅쓰고 일본 사회에 깊숙이 침투하기 시작했다. 한편 메이지유신에 의한 구질서의 붕괴와 타파는 정신적인 혼란과 동요를 초래하였으며, 이러한 시대적 상황에서 새로운 생활을 모색하던 젊은 청년들이 복음을 듣게 되어 기독교 신자가 점차 증가하게 되었다. 그들의 신앙은 대단히 소박하고 순수했다. 그들은 선교사와 일본인 교사로부터 들은 것을 가감 없이 그대로 받아들였으며 생동감 넘치는 신앙생활을 하였다. 따라서 그들이 받아들인 복음을 다른 사람들에게 적극적으로 전파하였으며 여기에 힘입어 요코하마 밴드(横浜バンド)와 구마모토 밴드(熊本バンド)의 대부분이 전도자가 되었으며 전도에는 교사나 신자의 구별이 따로 없었다. 그들은 주일 예배 후 손에 손을 잡고 거리로 나와 "말씀을 전파하라. 때를 얻든지 못 얻든지 항상 힘쓰라(디모데후서 4:2)."라는 전도명령을 수행하기 위해 힘썼다. 그들은 바울과 같이 "복음을 전하지 아니할 수 없다(고린도전서 9:14~17)."라고 고백하였다.

---

46) 隅谷三喜男(1962), 『現代日本のキリスト教』, 新教出版社, p.21.

당시 교회는 한 교회가 3곳~5곳 정도의 전도소를 가지고 있는 것이 일반적이었다. 교회와 다소 떨어진 곳에 새로운 신자가 있으면 그곳이 선교의 개척지가 되었다. 이와 같이 가까운 대도시에 먼저 교회가 설립되었고 그곳을 중심으로 멀리 떨어진 농촌에까지 교회가 세워지게 되었다.

제2기는 일본사회가 근대산업사회로 정착되는 과정에서 선교가 정체와 성장을 반복하던 제2차 세계대전까지의 시기이다. 제2기에 들어서면서 일본 사회의 양상은 일변하게 되었다. 메이지유신 이후 동요하던 노선이 확립되자 천황제를 중심으로 한 전통적 체제의 근대화를 추진하였다. 또한 서구문명과 기독교를 분리시켜 서구문명은 국가에 의해 도입하게 되었고 기독교는 천황제 중심의 전통적인 체제에 바람직하지 않다는 이유로 배척당하였다. 이러한 개신교에 대한 탄압으로 교회 내부에서도 심각한 혼란이 발생하였다. 이것은 새로운 신학의 출현으로 이어졌는데 지금까지는 배워 온 신앙을 단순히 고백하던 차원에서 이제는 일본인 스스로가 신앙을 자각해야 한다는 한층 높은 차원의 단계에 서게 된 것이다. 근본적으로 이 문제는 신앙과 이성의 문제였는데 당시 신학적 과학적 전통을 가지고 있지 않았던 일본교회로서는 버거운 과제였다. 제2기에는 자유주의적 신앙이 지배되어 신앙은 왕성한 활력을 잃게 되었고 일본교회는 '지적인 성격'이 강한 이성적인 교회로 바뀌게 되었다.

이러한 기독교에 대한 탄압과 혼란 가운데 기독교의 교세는 잠시 정체되는 듯했지만 곧 성장세로 돌아섰다. 그러나 제2기는 제1기와는 달리 선교에 대한 명확한 특색을 가지고 있었다. 제1기는 농촌선교에 대한 해결책을 찾지 못한 채 대·중도시를 중심으로 전개되었으나 제2기는 도시의 일반시민보다 도시에서 자리잡기 시작한 중산층 지식인들이 새로운 신자층을 형성하였다. 이것은 나중에 대도시 중산층 샐러리맨들이 일본교회의 사회적 원형을 이루게 된 배경이 된다. 당시 중산층 인텔리는 일본사회의 근대문화를 대표하는 존재였으며 그들은 전통 사회 속에서 자아의 해방을 기독교에서 찾고자 하였다. 전통적 사회관계의 강력한 지배하에 기독교는 일본사회를 해방으로 이끌지 못했고 개인의 내면적인 문제로 후퇴하기에 이르렀다. 메이지 30년에는 기독교의 이웃에 대한 강렬한 관심도 약화되어 갔으며 교회는 현실도피의 장으로 변해 선교에 대한 열의는 점점 식어갔다.

제3기는 일본사회가 크게 유동하기 시작한 2차 세계대전 이후의 현대를 가리킨다. 일본의 제2차 세계대전 패배는 일본의 전통체제의 붕괴로 이어졌다. 전통 사회의 한 모퉁이에서 안주할 곳을 찾으려 했던 일본들에게 전쟁의 패배는 심각한 타격을 안겨 주었다. 교회의 기반인 인텔리 중산층의 사회적 기저가 크게 흔들리게 되었고 그들이 사회의 변혁에 적극적인 관심과 의욕을 보이면서 교회와 거리를 두게 되자 교회는 극도의 혼란으로 빠져들었다.

이러한 때 일본교회는 선교의 기회를 얻었으며 교회는 특별히 선교를 하지 않아도 많은 신자들과 개종자들이 모여들었다. 일본 선교사상 이러한 사례는 유래가 없었다. 여기에는 여러 가지 요인들을 지적할 수 있다. 그동안 사회적으로 정신적인 억압을 당해 왔던 일본인들이 해방되긴 했지만 해방감에서 오는 정신적 혼란은 쉽게 극복할 수가 없었다. 그래서 많은 일본인들이 기독교로 개종하게 되었으나 일본교회의 대다수는 불행히도 현재 직면하고 있는 곤란을 해결하지 못한 채 몰려오는 사람들을 그대로 방치했다. 교회가 특별히 선교를 하지 않아도 신자수는 급증하였으며 교세도 확장되어 갔다. 그런데 막상 사회가 안정되어 가자 화려했던 교세는 거품처럼 사라졌고 그동안 세례를 받은 사람은 많았지만 교회를 떠나는 사람들도 많았다. 선교가 일본사회에 깊이 뿌리내리지 못한 상황에서 신자 수는 급속히 감소하였으며 오늘날 일본교회의 선교가 막다른 골목에 직면하게 된 이유가 바로 여기에 있다.

지금까지 제1기와 제2기에서 본 바와 같이 일본교회는 선교의 기회를 잡아 교세를 확장할 수 있었고 해방 후 교회성장의 절호의 기회가 있었음에도 불구하고 교회가 그들을 정착시킬만한 노하우가 없었기 때문에 정체될 수밖에 없었다는 점을 지적할 수 있다.[47]

1. 메이지시대—천황 중심의 국가주의 대두

외국인선교사들은 왕성한 선교정신으로 두터운 장벽을 헤치며 나아갔지만 일본에서 1887년 '대일본 황국헌법'이 발표되면서 신앙의 자유가 인정되었음에도 불구하고 교세는 극도의 정체기로 접어들었다. 그 후 약 10년간 신자 수는 3만 명을 넘지 못했다. 이것은 일본국내 정세가 기독교 선교에 여러 가지로 불리하게 작용했기 때문이었다.

당시는 천황의 '교육칙어'의 발령(1888년), 우치무라 간조의 '불경 사건'(1889년), 이노우에 테츠지로(井上哲次郎)의 '교육과 종교의 충돌', 문부성훈령 12호의 발령 등 국가주의 세력이 기독교를 탄압하고 있었던 시기였다. 이로 인하여 기독교 주의에 입각한 학교와 교회의 쇠퇴가 현저하게 나타났다. 1889년 '대일본제국헌법'이 발포되어 종교의 자유를 인정하였지만 그것은 어디까지나 '천황의 신민이라는 국민의 의무를 준수하는 한'이라는 단서가 붙었다. 조문을 구체적으로 해석하면 다음과 같다.

> 第二十八条. 日本臣民ハ安寧秩序ヲ妨ケス及臣民タルノ義務ニ
> 背カサル限ニ於テ信教ノ自由ヲ有ス゚
> 제28조 일본신민은 안녕질서를 방해하지 않고 신민다운 의무에
> 위반되지 않는 한 종교의 자유를 부여한다.[48]

---

47) 隅谷三喜男(1962), 『現代日本のキリスト教』, 新教出版社, pp.21~25.

이 헌법이 선포된 같은 날에 문부대신 모리 아리노리(森有礼 : 1847~1889)가 국수주의자에 의해 피살되는 사건이 발생했다. 모리는 기독교 신자는 아니었지만 당시 급진적인 서구화주의자로 서구제국을 따라잡기 위하여 영어공용화를 주장한 인물이었다. 이러한 모리의 자세는 일부 국수주의자들의 반감을 사게 되었다. 바로 그 무렵 일본의 어느 장관이 이세진구(伊勢神宮)를 방문했을 때 신전에 걸려있는 발을 지팡이로 치우고 안을 들여다본 무례를 범하였다고 신문에 보도되었는데(이세진구 불경사건) 모리가 당사자로 의심되어 살해당했다. 서구화주의자인 모리가 살해된 것은 서구화와 서양문물에 대한 뿌리 깊은 반감이 당시 일본사회에 얼마나 소용돌이치고 있었는지를 상징하는 대표적인 사건이다.

1893년 도쿄제국대학 교수 이노우에 테츠지로(井上哲次郎 : 1856~1944)가 『교육과 종교의 충돌』이라는 저서를 집필하여 "국가주의 교육과 종교가 기독교와는 양립할 수 없다."고 주장하였다. 이것을 계기로 1893년부터 다음해까지 신문잡지계와 종교계에서 뜨거운 논쟁으로 이어졌다. 이노우에는 "국가주의 교육과 기독교란 각각 국가주의와 비국가주의, 현세주의와 초현세주의, 차별적 사랑과 비차별적 사랑, 충효주의와 비충효주의가 대립하는 것"이라고 주장했다. 그의 주장에 대해서는 찬반양론으로 엇갈렸지만 점점 기독교계가 "기독교 교육은 국가주의에 반하지 않는다."라는 주장을 함으로써 일종의 타협이 성립되었다.[49]

1910년에는 일본사회에 큰 충격을 준 '대역사건'이 일어났다. 일부 사회주의자와 무정부주의자가 메이지천황의 암살을 획책했다는 사건으로 고토쿠 슈수이(幸德秋水 : 1871~1911) 등 저명한 사회주의자가 검거

---

48) 일본고어로 쓰여 있는데 일반적으로 번역하면 "'천황폐하의 신하인' 일본신민은 안녕질서를 어지럽히지 않는 범위 내에서 그리고 신하의 의무에 위반하지 않는 범위 내에서 신교의 자유를 가진다." 라는 의미이다.
49) 鈴木, p.113.

되었고 30명 이상이 처형되었다. 고토쿠 일행이 실제로 주모자였는지 아니면 일본정부의 조작이었는지에 대해서는 여러 설이 있지만 이 사건을 계기로 일본정부는 천황제에 반대하는 단체 및 조직에 대한 통제를 강화시켰고 천황제 수호를 위한 정부협력을 요청하였다.

    일본정부는 특히 기독교에 대한 통제를 강화했고 1912년에는 삼교합동의 일환으로 신토·불교·기독교의 3대 종교의 대표자들을 소집하여 도덕진흥에 대한 협력을 요청하였다. 기독교계 안에서는 일부 반대자를 제외하고 삼교합동을 기독교가 일본신토·불교와 나란히 인정된 것이라고 하여 호의적으로 생각하는 사람이 많았다.[50] 그러나 기독교의 존재를 공인하는 대신에 감독을 강화하고 대역사건 이후 민심교화에 힘쓰도록 하는 것이 일본정부의 목적이었다.[51]

    이와 같이 일본 초기교회의 특징은 매우 정치적이면서도 윤리적이었다. 기독교 신자들은 기독교 정신에 입각한 윤리만이 일본의 정치를 새롭게 할 수 있다고 믿었다. 이 때문에 그들은 단순히 유일신적인 교리의 바탕 위에서 기독교인이지만 실제적으로는 삼위일체론에는 관심도 없었다. 그러나 인격적인 하나님을 체험한 기독교인들은 인격적 신, 자신과 하나님과의 일대일 관계를 배우고, 새로운 이념과 구습이 충돌하는 것을 인식하게 되었고 구시대 사상에 대응하면서 신앙을 고백했다. 이로 인해 그들은 구습을 좇는 일반인들에게 공격당하기도 하였으며 이러한 박해는 도리어 그들의 신앙을 돈독히 하고 기독교 부흥에 대한 열정과 함께 하나님과의 인격적인 체험으로 성장하도록 도와주었다.

    즉 기독교가 윤리적이고 정치적인 성격을 뛰어넘어 아직 경험해 보지 못한 깊은 인격적인 세계를 맛보는 계기가 된 것이다. 종래 많은 일

---

50) 위의 책, p.162, 菊池伸二·菊池榮三(2005年), 『キリスト教史』, 教文館, p.452.
51) 海老沢·大内, pp.474~475.

본인들에게 있어 기독교란 진리를 지식으로 받아들이는 것 이외의 의미는 없었다. 그러나 하나님과 인격적인 만남을 통해 진정한 자신의 죄의 의미를 알게 되었고 구세주가 누구인지 그리고 무엇을 위해 어떻게 살아야 하는지를 절실히 깨닫게 되었다.[52] 개인의 인격이라는 전통을 가지고 있지 않았던 시기의 일본 기독교의 성장은 인격의 각성보다는 감정에 의지하는 성향이 강했다.

메이지기의 기독교 구성원에 대하여 오자키 히로미치(小崎弘道)는 "다른 국가에서는 여자 회원이 다수를 차지하는 곳이 많다. 그러나 일본에서는 전혀 반대 현상이 일어나고 있다. 남자 회원에 비해, 여자 회원은 대략 3할 정도에 불과하다."[53]라고 하였다.

첫째, 일본은 봉건적인 전통 사상이 강해 여성들은 집안의 종교에 종속되어 기독교의 수용이 불가능했다. 이에 비해 남성들은 가장으로 혹은 집을 떠남으로써 가정의 종교로부터 해방될 수 있었다. 더욱이 메이지 전반기와 같은 변혁기 때 구세계에서 벗어나 새로운 세계를 열망했던 사람들 또한 여자보다는 남자 쪽이 압도적으로 많았다. 그들은 근대사회의 종교적 · 윤리적 기본원리로 기독교 윤리를 선택했으며 진보적인 사회계층과 근대정신을 열망하는 사람들이 교회로 모여 사회 속에서 '전투적인 교회', '전진하는 교회'를 만들어 갔다.

둘째로는 일본교회를 구성하는 연령층에 청년이 많았다는 것을 지적하고 있다. 주목하고자 하는 사항은 일본 교회에 있어서 청년이 다수를 차지하고 있다는 사실이다. 기독교공려회장 클라크 박사는 한 연설에서 "청년을 지도하는 것은 매우 어렵고 청년 스스로가 기독교 사업에 참여하는 것도 주저하고 있다"는 점을 지적했다. 그러나 일본의 상황은 정반대로 일본 청년들이 대부분이었고 그들은 기독교 사업에도

---

52) Otis Caty, *A History of Christianity in Japan*, vol.2Ⅱ, p.169.
53) 小崎弘道, 「日本に於ける基督教の現代及将来」, (全集第六巻).

솔선수범하였다.

    이들 청년들은 대다수가 학생들이었다. 청년이 기독교 신자의 대다수를 차지한다는 것은 교회구성원들이 남성이 많다는 것과 깊은 관련이 있다. 당시 새로운 세계를 열망하는 이들은 청년들이었고 사회적 혹은 가정적 요인에 영향을 덜 받는 층이기도 했다. 당시 일본은 봉건제의 보존과 절대주의 체제 확립에 힘썼다. 이러한 사회적 분위기 속에서 근대적 합리성을 관철시키는 것은 불가능한 일이었고 사회인으로서 기독교의 신앙을 버리든지, 아니면 사회와 타협하는 길밖에 없었다. 청년들은 이러한 사회의 모순된 상황에 자유로울 수 있었던 것이다. 이 점은 근대일본 형성의 추진력과 깊은 관련이 있으며 이후 기독교 운동에도 중요한 의미를 가진다.

    셋째, 오자키(小崎)는 교회구성원 중에 사무라이계급의 비율이 높다는 점에 주목하였다. "일본 기독교의 주목할 만한 특징은 사무라이계급이 다수를 차지하고 있다. 다른 나라 선교지에서 보통 기독교 신자라고 하면 하위 계층으로부터 부흥하는 것이 일반적이다. 인도의 바라문교도 개종은 극히 드문 일이었고 중국 학자들에게 역시 개종은 찾아볼 수가 없었다. 이와 반대로 일본에서는 다른 계층들보다 먼저 기독교를 수용한 계급이 바로 사무라이들이었다."

    이토내각(伊藤內閣)의 서기관장인 가네코 겐타로(金子賢太郎)는 1889년 미국에서 "기독교의 신앙은 일본 상류 계층에 전혀 침투하지 않았다. 선교사들은 다수의 개종자들이 있다고 주장하지만 선교사 그린은 상류계급에 신앙이 들어가는 것은 어려운 일이라고 밝힌 바 있다."라고 했다. 이러한 주장에 대해 그린은 "일본 유력 계급 사이에서 기독교가 점점 전파되고 있다." 라고 증언하며 반론을 제기했다. 그러나 그린은 "사무라이계급이 일본 전 인구의 6%에 지나지 않지만 교회 구성원의 30%가 사무라이계급"이라는 점을 밝혔다.

    양측이 주장하는 상류 계층과 유력 계급에 대한 이해는 조금은 엇

갈림이 존재한다. 그러나 여기서 주목해야 할 것은 당시 기독교신자 중 메이지 정부 유력 정치가인 상류계급 출신이 극히 소수에 불과했던 점과 사무라이계급을 중심으로 한 유력한 인사들이 많았다는 점이다. 더욱이 사무라이계급이 많다고는 하지만 실제로는 교회구성원의 30%에 불과했고, 70%가 농공상인 출신이었다.

따라서 게리의 "실제로 일부 기독교선교사들 사이에서 지금까지의 선교대상이 '중산계급의 상류층'들에게 편중된 결과라며 유감을 표시했다. 그리고 일본사회에서 멸시당하고 소외된 계층에게 효과적으로 전도하기 위해서 어떻게 해야 할 것인지가 중요한 문제이다."라는 주장이 이 문제에 대해 보다 정확하게 파악하고 있다고 생각할 수 있다.

기독교의 중심세력이 서구화를 통해서 중산계급에서 상류층으로 이동했다는 것은 머지않아 메이지 정부와 타협의 길을 연 것이라고 할 수 있을 것이다. 또한 이 시기의 기독교 발전이 중산계층에 치우쳐 중하위 농민 및 도시 하류층으로 확대되지 못했다는 것을 시사한다. 1892년 반동사상의 대두 이래 농촌을 중심으로 일본사회에도 신분제적 봉건윤리가 재편되어 농촌 및 도시 하층민들에게는 봉건시대에도 없었던 신분제적 도덕이 공동체 윤리를 강화하는 역할까지 하게 되었다. 이와 같은 사회적 분위기는 기독교의 선교활동을 곤란하게 한 큰 요인이었다.

메이지시대 기독교의 특징은 윤리적이었다는 점이다. 새로운 시대를 열망하는 사람들에게 봉건적 권위를 타파하고 새로운 사회의 기초를 확립하는 윤리로서 기독교가 환영받았다. 대신 이 시기의 기독교는 종교적 생명을 잃은 단지 윤리로서 끝나는 사상으로 남을 가능성이 컸다. 왜냐하면 인격적인 하나님에 대한 신앙과 전통이 없는 일본인들에게 신앙의 본질을 정확하게 전달하기란 쉽지 않았기 때문이다. 이러한 상황에서 기독교 교리는 신앙에 대한 지식적인 이해의 수준에서 머물렀다. 당시 지적인 이해 수준에 머문 기독교 교리는 신앙의 붕괴와 직결된 것이었다.

이상으로 메이지시대 전반기를 되돌아보면 일본에서의 '근대' 사회는 일본적인 형태로 형성되었으며 기독교 또한 일본적인 성격을 띤 형태로 성립된 것이었다. 메이지 22년 말까지 일본 자본주의는 소위 산업혁명이라 불리는 급속한 성장을 이룩하였다. 이러한 산업발전과 더불어 메이지 33년 이후 기독교계도 활력을 되찾아 선교활동을 전개하여 교회가 급성장하였다. 그러나 이러한 교회의 급성장은 또다른 많은 문제점을 안고 있었다.

교회는 자본주의 발전과 함께 성장한 중산층 인텔리들과 그들 가족 및 후예들로 일컬어지는 학생층을 대상으로 성장했을 뿐 농민들과 도시 부르조아계층에는 침투하지 못했고 봉건적인 수탈이 심해져 자본주의적인 착취 하에 놓여 있던 노동자들도 끌어안지 못했다.

교회구성원의 기반을 형성한 도시 중산층 지식인은 일본사회에 있어서 가장 개인주의적 성향이 강한 계층이었다. 이런 까닭에 다른 계층보다는 공동체적인 제약으로부터 자유로왔으나, 개신교 신앙을 받아들일 가능성이 컸던 반면에 개인주의적인 소시민 생활에 안주하며 사회적 책임을 회피할 수 있는 입장이 되었다.

이러한 상황에서 기독교는 천황제와 자본주의 체제하에 포섭되어 갔으며 대부분은 청일전쟁과 러일전쟁 중에 그들 스스로가 반국가적이고 반사회적 종교가 아니라는 것을 증명하기 위해 전쟁에 찬성하게 되었다. 더 나아가 러일전쟁 후 일본사회가 동요하고 있을 때 체제유지를 위해 협력했으며 메이지 45년 '삼교회동'에 참가해 신토, 불교와 함께 "천황에게 힘을 실어 주어 국민도덕의 진흥에 힘쓸 것"을 결의하고, 교육칙어의 개정보급판인 '국민도덕'을 강화하는 선전에 동원되어 천황제 건설과 옹호에 참여하게 되었다.

하지만 러일전쟁과 삼교회동에 모든 일본 크리스천들이 찬성한 것은 아니었다. 반대론자들은 복음과 신앙의 순수성을 되찾을 것을 촉구하며 메이지 26년 이후에도 비판적 양심을 잃지 않았다. 이들을 세 종류로 분류할 수 있는데, 먼저 교회가 일본사회에 타협하고 신앙의 순수성을 잃어가자 신앙을 인격적인 것으로 받아들이자는 우치무라 간조를 중심으로 한 부류이다. 둘째로, 자본주의의 발전과 함께 소외된 노동자들과 거기에서 발생된 사회문제에 착목하여 기독교의 새로운 사회운동을 전개하려는 부류가 조합교회계통의 사람들에게서 나타났다. 셋째로, 교회가 가능한 대로 사회로부터 떨어져 교회 안에서 생활함으로써 순수한 신앙을 지키려는 일본 기독교회 등이 대표되는 부류들이다. 이들은 모두 순수하고 올바른 신앙을 발전시키려고 노력했다는 점에 의미가 있다.

그러나 동시에 여러 가지 문제점도 안고 있었다. 개인주의적인 신앙 소유자들은 신앙의 사회성이나 복음의 구체성을 충분히 파악하지 못했고 사회주의자들은 자유주의 신학으로부터 영향을 받았기 때문에 복음자체를 이해하지 못해 올바른 신앙에 접근하지 못했다. 그리고 교회주의자들은 현세의 삶을 경시하여 교회의 사회적 책임을 다하지 못하였다. 이것을 일본 기독교가 향후 오랫 동안 정체된 요인 가운데 하나라고 볼 수 있을 것이다.

2. 다이쇼시대(1912~1926)

다이쇼시대는 다이쇼 민주주의라고 불리는 것처럼 자유주의·민주주의의 분위기가 확산되는 시대였다. 민주주의 발달과 더불어 사회적으로는 여성과 부락민 출신자에 대한 해방운동이 활발히 전개되었고 1925년에는 '보통선거법'이 제정되었다. 또한 일본사회의 문화적인 면에서는 카페나 레스토랑의 출현 등 도시 지역의 서양화가 급속히 진행되기도 했다.

다이쇼시대의 중심적인 사상가인 요시노 사쿠조(吉野作造 : 1878~1933)는 학창시절에 미야기의 쇼케이(尚絅)여학교(1899년 설립, 현재 쇼케이학원대학 여자단기대학부)의 교장 애니 시레나 부젤(Annie Syrena Buzzell : 1866~1936)의 성서연구회에 참가하였고 나중에 도시샤대학의 총장이 된 에비나 단조(海老名弾正 : 1856~1937)가 목사를 역임한 혼고(本郷)교회에서 잡지 편집에 관여하는 등 기독교에 깊이 감화받은 인물이었다.[54]

또한 여성해방운동을 주도하였고 "원시, 여성은 태양이었다."라는 창간사로 알려진 잡지 「청답(青踏)」의 편집장인 히라츠카 라이쵸(平塚雷鳥 : 1886~1971)도 혼고교회에 다닌 적이 있으며 우치무라 간조의 「성서연구」의 애독자이기도 하다. 히라츠카와 함께 여성해방운동의 선구자로 알려진 이치카와 후사에(市川房枝 : 1893~1981)도 나고야의 아이치교회에서 세례를 받은 크리스천이었다.[55]

이와 같이 기독교의 영향을 받은 지식인의 활약으로 메이지시대에 주로 외국인 선교사들에 의해 전래된 기독교와 사상이 다이쇼시대에 들어서면서 사회운동이라는 형태로 나타나기 시작했다. 1914년부터 삼 년간에 걸쳐 '전국협동전도'가 행해졌고 규모나 범위 모두 그때까지의 전도운동 중에서 최대 규모였다. 또한 1918년에는 우치무라 간조와 나카타 시게하루(中田重治 : 1870~1939) 일행에 의해 '재림대망운동'이 일어났다. 이것은 제1차 대전 후 호경기에 흥분한 일본사회에 대한 경계를 촉진하는 운동이었다.[56] 이처럼 다이쇼시대에는 기독교 운동이 활발하던 시대였다. 그러나 다이쇼 말기에는 다시 국가 권력과 영향력이 강화되는 징조가 여러 곳에서 발생했다. 예를 들면 1925년에는 '보

---

54)「吉野作造プロフィール」, 吉野作造記念館ホームページ,
　　〈http://www.yoshinosakuzou.jp/human/yoshino.html〉, (検索日 : 2009年 6月 11日).
55) 鈴木, pp.165~166.
56) 菊池伸二・菊池榮三, p.453.

통선거법'과 '치안유지법'이 제정되었고 이후 쇼와시대 초기까지 국가중심주의를 강화시켜 나갔다.

3. 쇼와시대(1926~1945 : 태평양전쟁 종결까지)

쇼와시대는 62년간 장기에 걸친 시대였지만 당초부터 쇼와 금융공황과 나중에 일어난 세계 공황의 여파에 의한 경기 침체 등이 일본 국민의 생활을 압박했던 시대였다. 중국과의 긴장감도 높아져 1931년 9월에는 '만주사변'이 발발한 이후 군부의 영향력이 한층 강화되었다. 또한 원래 국가신토에 반대하는 기독교에 대한 엄격한 통제가 강화되었고 또한 전시체제에 대한 협력도 요구되었다. 예를 들면 1932년에는 '조치대학(上智大学)사건'이 발생했다. 이것은 조치대학의 학생이 야스쿠니 신사참배를 거부했던 것에 대해서 정부가 신사참배는 비종교적 행위로 참배를 계속하도록 요구하였고 대학 측도 그것을 승인한다는 내용의 사건이었다.[57]

당시 일본 경찰의 기독교에 대한 대응방법을 살펴보도록 하자. 예를 들면 1938년에는 오사카에서 현지 주요 교회에 대해서 오사카 헌병대 특별고등경찰 과장의 이름으로 모두 13조로의 질문서, 즉 '기독교의 신관 내지 국체관 등에 관한 오사카 헌병대의 질문'이라는 질의서가 보내어졌다.[58] 질의서의 내용은 다음과 같다.

1. 기독교의 신이란 무엇인가?

---

57) 末木, p.209.
58) 同志社大学人文科学研究所キリスト教社会問題研究所編(1972年), 『戦時下のキリスト教運動－特高資料による－1』, 新教出版社, pp.96~97.

2. 우리나라의 수많은 신들에 대한 견해
3. 자신과 천황과 기독교의 관계
4. 외국 황제(예를 들면 영국) 등과 신과의 관계
5. 교육칙어와 성서의 관계
6. 교육칙어에 의한 교육방침과 기독교주의에 의한 교육과의 차이
7. 조상숭배에 대한 관념(일본 신사참배에 대한 염려)
8. 황조황종의 신령에 대한 관념
9. 종교절대의 경지란 무엇인가?
10. 종교의 자유에 대한 관념
11. 기독교가 일본신토나 불교를 우상숭배의 미신으로 여기는 이유
12. 기독교와 일본정신과의 관계
13. 기타 참고사항

1937년 '중일전쟁'이 시작된 다음 해에 '국가총동원법'이 제정되었다. 이 법률은 명칭에서 분명하게 드러나는 것처럼 전쟁수행이라는 목적에 따라 국가의 총력 즉 인·물·금을 통제·동원할 수 있다는 것이었다. 기독교도 이 대상에서 제외되지 않았고 국가의 관리체제가 원활하게 널리 영향을 미칠 수 있도록 다양한 교파·종파의 통합이 시도되었다.

구체적으로 1939년에 가결된 '종교단체법'에 따라 종교통합이 요구되었다. 태평양전쟁 개전 6개월 전인 1941년 6월에는 본격적인 교회 통합이 이루어졌다. 가장 종파가 많았던 개신교의 경우 34개의 교파를 11개의 부제로 개편 통합하는 형태로 '일본기독교단'이 설립되었다. 카톨릭은 원래 하나였기 때문에 명칭만 변경하여 '일본천주공교교단'이 설립되었다. 정교회는 새로운 대표가 일본인이어야만 한다는 조건

을 만족시킬 수 없었기 때문에 정부의 인가를 받을 수 없었고 교단도 일본인 총주교의 선출을 둘러싸고 분열하였다.[59]

그러나 이러한 교회합동은 일본정부의 강압으로 된 것만은 아니었다. 일본 국내에 많은 교파를 가지고 있었던 개신교는 일본정부로부터의 통제가 마음에 들지는 않았지만 교회합동을 계기로 일본교파의 통합을 실현하려는 목적을 가지고 있었다.[60] 이것은 교회를 국가정책에 의한 피억압자라고만 간주하는 것에는 무리가 있다고 생각되는 대표적인 사례이다.

다음은 전시 하의 기독교의 활동 상황을 살펴보고자 한다. 정치경찰로서 반정부운동을 단속했던 특별고등경찰(이하 특고)의 1943년 기록에 따르면, 각지에서 일본 기독교 관계자의 회합이 열려 목회의 방책, 교리신조의 문제, 전도방법과 기독교의 신앙교리 및 일본의 국체·현상과의 조화나 쇠퇴 경향에 있는 교세의 유지와 확장에 대한 논의가 활발하게 진행되었다. 또한 "반본질적 반국체성을 드러내고 있다."라고 생각되는 언동이나 기타 "전쟁수행에 반하는 운동도 볼 수 있다."라고 기술하고 있다. 이러한 '반본질적'이라고 하는 언사에서 일본정부나 공안이 기독교의 존재 자체를 국가 체제에 반하는 것으로 간주했음을 짐작할 수 있다.[61]

당시 특고의 감시 대상은 목사와 교원, 시민, 일반농민에까지 확대되었다. 이것은 일본 특고의 감시가 철저했음을 나타내며 일반 기독교 신자까지 감시의 대상이 될 만한 인물이 있었던 것으로 짐작할 수 있다.[62] 마찬가지로 특고의 1944년 어느 '기독교 배격론자'에 관한 기록

---

59) 鈴木, p.185, 菊池伸二·菊池榮三, p.483.
60) 「第二次世界大戰における日本基督教団の責任についての告白」, 日本基督教団公式サイトホームページ, 〈http://www.uccj.or.jp/confession.html〉, (検索日 : 2009年 6月 14日).
61) 同志社大学人文科学研究所キリスト教社会問題研究所編(1973年), 『戦時下のキリスト教運動-特高資料による-3』, 新教出版社, p.12.

을 보면, "이 정도로 무서운 인물은 없다."라고 서술하고 있다. 이 인물은 기독교와 일본고전의 비교연구를 계속한 호리우치 마스미(堀内真澄 : 생몰년 불명)라는 사람으로 과거 열렬한 기독교신자였지만 나중에는 비판론자로 전환하였다. 이 사람은 극단에서 극단으로 치달았기 때문에 기독교에 대해 냉정한 관점을 가지고 있었다고는 생각하기 어렵다. 하지만 "오늘날 40~60세 정도까지의 남녀…"라는 문장에서 메이지 말기부터 다이쇼・쇼와기에 걸쳐 전시 중이라는 가장 국가중심주의가 강화되었던 시기에 기독교가 일본 민중에게 상당한 영향력을 가지고 있었음을 알 수 있다.[63]

〈표 2〉일본의 기독교 인구의 추이 : 다이쇼시대・쇼와시대[64]　　　　(단위 : 명)

연도	개신교	카톨릭	정교	신자수합계	교직자합계	총수	인구수	인구비(%)
1916	123,222	72,039	-	-	-	-	-	-
1921	142,346	77,460	-	-	-	-	56,665,900	-
1926	162,240	86,351	-	-	-	-	607,409,000	-
1930	193,937	92,798	-	-	-	-	64,450,000	-
1935	204,588	105,165	39,936	349,689	-	-	69,254,000	0.50%
1939	242,463	117,178	40,953	400,594	-	-	71,380,000	0.56%
1942	190,447	-	-	-	-	-	72,880,000	-

---

62) 同志社大学人文科学研究所 キリスト教社会問題研究所, p.189.
63) 위의 책, pp.222~223.
64) キリスト新聞社編(1985年), 『キリスト教年鑑 1985』, キリスト教新聞社, pp.454~455.
　　주1.「-」과 통계수치의 기재가 없기 때문에 불확실한 부분임.
　　주2. 표의 각 연도의 숫자는 같은 해 보고가 있었던 것, 또는 기재로서 남아있는 것으로 연도로 구분된 통계에 의한 숫자는 아님.
　　주3. 정교도의 각 연도의 통계에 관해서는 이하의 문헌을 참고했음. 1935年 敎値는 日本基督敎会同盟, 『基督敎年鑑16, 昭和10年版』, (日本図書センター 1994年), p.527의 1934년도의 숫자를 그대로 記載함. 1939年 숫자는 日本基督敎会同盟, 『基督敎年鑑 22, 昭和14年版』, (日本図書センター 1994年), p.385의 1937年 7月부터~1938년 6月에 집계한 숫자를 그대로 기재함.
　　주4. 프로테스탄트, 카톨릭, 정교의 3개단체 모두 신자 수가 판명, 또는 추정할 수 있는 연도에 한해서만 인구대비를 기재함.

4. 해방 전후 일본의 저명한 기독교인

1) 우치무라 간조[65]

우치무라는 일본 기독교 지식인 중 가장 널리 알려진 인물로서 역사교과서에서도 다루어지고 있다. 번사[66]의 아들로서 에도(현재 도쿄)에서 태어나 도쿄 영어학교를 거쳐[67] 1876년에 삿포로 농업학교에 입학했다. 동급생에는 니토베이나조(新渡戸稲造 : 1862~1933)가 있어 교류를 하게 되었다.[68] 당시 삿포로 농업학교에는 클라크 (William Smith Clark : 1826~1886) 일행의 외국인 교원이 많았고 학생들은 기독교의 영향을 크게 받고 있었다. 우치무라가 세례를 받은 것은 1878년이다. 우치무라는 1881년에 농업학교를 졸업하고 홋카이도 개척에 전념하여 다음 해 삿뽀로 기독교회를 설립하였다. 그리고 1884년부터 1888년까지 미국 아머스트대학(Amherst College)에서 수학했다.

사진4) 우치무라 간조

귀국 후, 우치무라는 각지에서 교직에 종사하였고 1890년에는 제일고등학교의 교원이 되었다. 고등교육을 받고 미국 유학 경험도 있는 우치무라의 인생은 여기까지는 거의 순탄한 생활이었다. 그러나 제일고등학교에서 일어난 '불경 사건'으로 큰 시련을 당하게 되었다. 이것은 우치무라가 교육칙어에 대한 '봉배', 즉 머리 숙여 인사하는 것을

---

65) 写真은 「内村鑑三文庫」, 北海道大学付属図書館ホームページ.
　　http://www.lib.hokudai.ac.jp/modules/tinyd10/index.php?id=50〉, (検索日 : 2009年 7月 5日)
66) 번이란 에도시대까지 지방자치제의 행정구분, 번사란 번의 장, 즉 번주를 섬기는 무사들을 가리킴.
67) 현재 동경대학(동경대학 예비문, 구세제일고등학교로 명칭을 변경했다.)
68) 古屋, p.95.

말하는데, 그가 머리를 깊이 숙이지 않았다고 해서 문제가 된 사건이었다. 우치무라는 교육칙어를 종교적 대상으로 예배하는 것에 의문을 품었고 그러한 의문이 행위로 나타나게 되었던 것이다.[69]

이 행위에 대한 비판의 목소리가 학생들 사이에서 나왔고 그 후 교원들 그리고 결국에는 신문·잡지들까지도 대대적으로 보도하게 되었다. 제일고등학교에서 행해진 교육칙어에 대한 봉배는 평소 행해지던 것이 아니라 일본에서도 처음으로 행해진 사건이었다.[70] 일본의 명문교에서 천황으로부터 받은 교육칙어를 처음으로 봉배하는 중대한 사건인 만큼 우치무라의 행위는 격렬한 비판에 직면하고 말았다.

그후 우치무라는 감기가 악화되어 자택에서 요양하였고 아내도 같은 병에 걸리고 만다. 그리고 감기가 다 나았을 때 우치무라는 제일고등학교에 이미 자신의 자리가 없다는 것을 알게 되었다. 이에 대한 충격으로 아내의 병세는 더 악화되어 소천하게 된다.[71] 이 사건 이후 우치무라는 몇 개의 학교를 전전하지만 그의 대표 저작인 『나는 어떻게 크리스천이 되었는가?(How I Became a Christian?)』 등 많은 저서와 논문을 이 시기에 발표하였다.

1897년에 상경하여 조보사가 발행하는 신문인 〈만조보〉에 투고하게 된다. 1901년에는 「무교회」를 창간하였다. 청일전쟁은 '의전(義戰)'이라 하여 반드시 전쟁반대론자는 아니었던 우치무라이지만 청일전쟁 후 일본 상황을 한탄하여 러일전쟁 개전 전에는 비전(非戰)론을 주장하게 되었다. 그러나 〈만조보〉 자체가 주전론 쪽으로 기울어지면서 우치무라는 회사를 떠날 수밖에 없었다.[72]

1918년의 '예수재림대망운동'의 전개 이후에도 우치무라는 적극적

---

69) 鈴木, p.111.
70) 森岡清美(1976年), 『日本の近代社会とキリスト教』, 日本人の行動と思想 8(評論社), pp.227~228.
71) 鈴木, pp.111~112.
72) 위의 책, pp.147~148.

인 교회활동을 계속했지만 의전에서 비전으로의 전향, 무교회주의의 제창, 그리고 무사도에 기독교를 접목시키기 등을 호소한[73] 그의 모습에서 쉽게 사회나 다수파와 타협하는 일 없이 자신의 삶의 방식을 완고하게 관철하려는 강한 의지를 보여 주었다. 덧붙여 무교회주의란 교회제도와 예배를 부정하고 무교회주의자들만으로 예배와 집회를 실시하는 신앙형태의 일종이지만 현재도 미미하게 이어지고 있다.[74]

2) 야마무로 군페이(山室軍兵 : 1872~1940)[75]

구세군(Salvation Army)은 사회복지활동에 대한 헌신을 목적으로 군대와 같은 조직을 가지고 1878년에 영국에서 창립된 개신교계의 기독교 단체이다. 야마무로는 일본인 최초의 구세군 사관이다. 설교가임과 동시에 공창제도를 폐지하는 운동과 결핵요양소 설립 등에도 전념한 활동가이기도 하다. 1899년에는 『평민의 복음』을 저술하여 일반인을 대상으로 기독교를 간결하게 소개하기도 하였다.[76]

사진5) 야마무로 군페이

야마무로는 오카야마 빈농의 집에서 태어나 1889년에 일본 도시샤대학 신학부에 입학하였다. 그 후 중도에 대학을 중퇴하고 다카하시(高

---

73) 古屋, p.65.
74) 菊池伸二・菊池榮三, p.452, 위의 책, pp.105~108.
75) 写真는「山室軍平」, おかやま人物往来ホームページ,
　〈http://www.libnet.pref.okayama.jp/mmhp/kyodo/person/yamamurogunpei/gunpei-short.htm〉, (検索日 : 2009年 7月 5日).
76) 「救世軍について」, 救世軍ホームページ, 〈http://www.salvationarmy.or.jp/〉, (検索日 : 2009年 6月 11日)

梁)교회를 거쳐서 1895년에 구세군에 참가했다. 당시 구세군이 가장 힘을 쏟고 있던 운동이 '공창제도 폐지운동'이었다. 그것은 팔려간 빈농 출신의 창기에게 자유폐업을 권하는 것이었다. 야마무로도 구세군을 인솔하여 요시하라(吉原) 등의 유곽에 직접 가서 유곽 측의 격렬한 방해에도 굴하지 않고 창기를 보호하였다.[77] 이 운동을 계기로 폐업이 잇달았고 1901년에 일본정부는 전국 공통의 '창기단속규제'를 제정하였으며, 또한 창기의 자유의사에 의한 폐업을 규정하기에 이르렀다.

야마무로가 선도한 구세군 활동은 일본사회에서 확실히 뿌리를 내리고 있다. '자선냄비'는 1909년에 실업자 대책을 목적으로 가두 모금을 실시하였다. 삼각대에 매단 냄비와 홍백의 끈은 사람들의 시선을 끄는 캐치프레이즈로 연말에 흔히 볼 수 있는 풍경이다. 100년 동안 계속된 이 자선냄비는 지금은 완전히 일본의 풍물이 되었다.[78]

우치무라와 야마무로를 비교해 보면, 우치무라는 사무라이계급 출신으로 집필활동에 전념한 사상가이자 교육가이고, 야마무로는 빈농 출신으로 사회적 약자의 구제에 헌신한 활동가로 비유할 수 있다. 그리고 이 두 사람의 활약으로 기독교가 일본인 크리스천들의 사상과 활동에 끼친 영향력은 실로 대단하다.

3) 카가와 토요히코(賀川豊彦 : 1888~1960)[79]

카가와 토요히코(1888~1960)는 일본에서보다는 오히려 전 세계적으로 알려진 기독교 지식인이자 활동가이다. 몇 번에 걸쳐 노벨평화상 후보에도 올랐다.[80] 관서 고베시에서 해운업자인 아버지와 예기인 어머

---

77)「先人の風景」, 山陽新聞社ホームページ, (2008年 3月 24日),
⟨http://www.sanyo.oni.co.jp/kikaku/senjin/news/2008/03/24/20080324163544.html⟩,
(検索日 : 2009年 6月 11日).
78)「社会鍋」, 救世軍ホームページ, ⟨http://www.salvationarmy.or.jp/⟩, (検索日 : 2009年 6月 11日)
79) 写真は,「賀川豊彦とは」, 賀川豊彦献身100周年記念事業ホームページ,
⟨http://www.kagawa100.com/kagawa.html⟩, (検索日 : 2009年 7月 5日) 참조.

니 사이에서 태어났다. 유소년기에 잇달아 부모와 사별하지만 미국의 남장로교회 선교사와의 만남이 계기가 되어 1904년에 세례를 받고 목사의 길을 걷게 되었다. 그리고 메이지학원 예과를 거쳐 1907년에는 고베 신학교에 입학하였다.

고베 신학교 시절에 빈민가의 존재를 알게 된 카가와는 스스로 신학교 기숙사에서 그곳으로 거처를 옮겼다. 카가와는 빈곤의 현실에 부딪치

사진6) 카가와 토요히코

며 환자를 보살피거나 배고픈 사람을 위해 음식을 나누어 주고 때로는 싸움의 중재를 통하여 기독교의 사랑을 빈민가에서 실천하려고 노력했다.[81] 1913년에 결혼한 아내도 카가와의 빈민가에서의 봉사활동을 적극적으로 지지했다. 1914년부터 1916년까지 2년간 미국 프린스턴 신학대학에 유학하여 신학학위를 취득하기도 하였다. 미국에서 대규모 항의 행진을 실시하고 자기의 권리를 당당히 주장하는 노동자의 모습, 유타주의 사탕수수 농장에서 일하는 일본 소작인들을 조직한 경험은 나중에 카가와의 활동양식이 되었다.[82] 미국에서 귀국한 직후인 1920년에는 고베 빈민가에서의 활동경험을 쓴 『사선을 넘어』를 출판하였는데, 이것이 무려 100만부를 초과하는 베스트셀러가 되어 카가와의 이름이 일약 세상에 알려지는 계기가 되었다. 이후 카가와는 빈곤구제, 노동자의 권리향상이라는 사회운동을 주도하였는데 1923년에는

---

80) 「賀川豊彦の略年譜」, 財団法人雲柱社賀川豊彦記念館・松沢資料館ホームページ,
 〈http://zaidan.unchusha.com/k_chronology.html〉, (検索日 : 2009年 6月 15日).
81) 古屋, p.180.
82) 武藤富男(1981年), 『評伝賀川豊彦』, (キリスト新聞社, pp.155~158 pp.164~167.

목사가 되어 목회활동과 사회운동에 전념하였다. 그밖에 생활협동조합 운동, 보통선거운동 그리고 노동운동조합에도 관여하였다. 노동운동은 노동자가 과격화되었기 때문에 비폭력을 주장하던 카가와는 손을 떼게 되었지만 항상 실천을 중시하는 것이 그의 생활신조였다.[83]

카가와의 활동무대는 국내에만 한정된 것이 아니었다. 해외 각지를 돌면서 노동자대회에 참가하거나 강연활동을 펼쳤다. 태평양전쟁 전에는 미국에서 적극적인 강연활동을 통해 미일양국이 전쟁을 일으키지 않도록 호소했다. 그러나 카가와의 바램과는 달리 미일은 개전하였고 카가와 자신도 1943년에는 헌병대에 두 번 정도 끌려가 심문을 당하기도 했다. 이후 전쟁이 끝날 때까지 카가와는 다른 많은 종교자들이 그랬던 것처럼 전쟁에 협력하게 되었다.[84]

전후 지미파의 경력으로 카가와는 일본정부의 고문이 되었다. 맥아더의 일본 방문 전에 미국이 일본에 대해 관대한 조치를 취하면 일본은 평화 국가가 된다는 카가와의 주장이 신문에 실렸다. 한편 한국의 이승만(1875~1965) 대통령에게 전쟁 전의 식민지 지배의 잘못을 시인하였고 양국의 화해를 호소하기도 했다. 또한 일본 국내를 향해서도 노동조합의 재조직을 돕고 사회당의 창립과 관련하여 고문이 되었다.[85] 전후 일본의 평화와 안정을 위해 전력을 다한 카가와는 1960년대 고향 도쿠시마로 향하던 도중에 병사하고 말았다.

카가와는 확실히 전쟁 전후 일본의 격동기에 활약한 크리스천이었다. 그의 인생의 특징은 우선 저술활동과 사회운동의 실천이라는 측면에서 상당히 열정적으로 활동했던 인물이다. 사회운동의 실천에 관해서는 이미 설명한 대로이지만 저술활동에 관해서는 베스트셀러가 된 「사선을 넘어」를 포함하여 일본어로 200권 이상의 저서를 남겼고 또한

---

83) 위의 책, pp.222~223, pp.285~287.
84) 阿部志郎(2009年), 『賀川豊彦を知っていますか―人と信仰と思想―』, 教文館, pp.79~80.
85) 古屋, p.181.

이들 서적은 38개 언어로 번역되었다.[86] 카가와는 몇 번이고 노벨상 후보에 올라갈 정도로 유명한 기독교인 중의 한 명이었다.

다만 해외에서의 높은 평가에도 불구하고 카가와에 대한 일본 내의 평가는 매우 복잡하다. 일본 기독교회 중에서도 카가와는 자기가 속한 장로교회와 좋은 관계를 유지할 수 없었다. 이는 신학을 중시하는 경향이 강한 장로교회에서는 실천중심의 학문적 관여가 적은 카가와를 평가하지 않았고, 카가와도 기독교를 신학적으로 정의하려는 장로교회의 입장을 정면 비판했기 때문이다. 오히려 교회 연맹과 같은 초교파적인 조직만이 카가와와 좋은 관계를 유지하였다.[87]

또한 비폭력 등 스스로의 활동신조를 가지고 정당 활동이나 노조활동에 깊이 관여했던 것도 특징적이다. 우치무라는 저술활동에 중점을 두었고 야마무로는 실천활동 중심이기는 하였지만 카가와만큼 정계와 조합운동까지 적극적으로 참여하지는 않았다. 이들 두 명을 비교해 보더라도 정치가와 활동가로서 카가와의 활동은 보다 두드러진다. 비판만 하고 행동하지 않는 일본 크리스천 중에서는 이색적인 존재였다고 볼 수 있다.

---

86) 앞의 책, p.185.
87) 앞의 책, p.173, p.175.

5. 해방 이후 일본 기독교의 정체현상

1) 일본 기독교의 정체와 교세

1945년 일본은 포츠담선언을 수락하고 무조건 항복했다. 패전에 의해 군부가 추진한 천황중심의 국가체제도 붕괴되었다. 1945년 12월에는 '종교단체법'이 폐지되었고 1946년에는 천황 스스로가 자신의 신성을 부정하는 '인간 선언'이 발표되었다. 다음 해 11월에 공포된 일본국 헌법은 종교의 자유가 무제한 허용되었다. 현인신으로 숭배의 대상이었던 천황이 인간 선언을 실시함에 따라 일본인의 가치관은 근본부터 흔들리게 되었다. 혼란 속에서의 국민의 불안을 반영하듯 다양한 신흥종교가 앞다투어 교세를 확장하였고, 이 시기는 '신들의 러시아워'라고 불리게 되었다.[88]

또한 미국인을 비롯한 외국인은 어디서나 동경의 대상이었고 기독교 역시 처음에는 이러한 기세를 타게 되어 각지에서 집단 개종이 잇달았다. 예를 들면 와카야마현 나카야마지(中山路) 촌에서는 1950년에 류진(龍神) 카톨릭교회가 생겼지만 이후 집단 세례가 이어져 약 15년간에 걸쳐 마을의 인구 1,300명 중 약 800여 명 정도가 크리스천이 되었다고 한다.[89]

그러나 통계를 봐도 분명하듯이 신자 수가 인구 수 1%를 넘는 비율까지 증가한 적이 없었다. 또한 당시 사람들의 마음을 사로잡았던 마르크스주의만큼 사회에 영향을 끼치지도 못했다. 기독교 전래의 100년이 되는 1959년에는 기독교의 정체에 관해 여러 가지 논의가 있었는데, 정체 요인으로 일본사회의 구조적 특징이나 전통적 사고방식이 기독교와 맞지 않았다는 것이 지적되었다.[90]

---

88) 末木, p.219.
89) 鈴木, pp.191~192.

〈표 3〉 일본의 기독교 인구의 추이 : 쇼와시대(해방이후 1)[91]　　　　　(단위 : 명)

연도	개신교	카톨릭	정교	신자수합계	교직자합계	기타	총수	인구수	인구비(%)
1948	199,026	111,209	14,063	324,298	6,789	436	331,523	80,002,500	0.41%
1952	207,077	141,638	32,889	381,604	7,727	1,132	390,463	85,808,000	0.46%
1954	233,294	185,284	33,173	451,751	7,837	4,086	463,674	88,239,000	0.53%
1956	257,276	212,321	33,911	503,508	12,063	14,118	529,689	901,172,000	0.59%
1958	297,650	227,063	34,391	559,104	6,524	24,485	590,113	91,767,000	0.64%
1960	340,583	266,608	35,293	642,484	12,671	35,774	690,929	93,419,000	0.74%
1962	360,301	287,943	35,656	683,900	14,244	43,572	741,716	95,181,000	0.78%
1964	339,287	296,617	9,215	645,119	14,026	51,728	710,873	97,182,000	0.73%
1966	399,155	323,880	9,385	732,420	14,581	62,166	809,167	99,036,000	0.82%
1968	413,586	333,169	9,828	756,583	15,000	69,362	840,945	101,331,000	0.83%
1969	429,376	344,343	9,099	782,818	17,428	112,827	913,073	102,536,000	0.89%
1970	454,297	337,243	9,549	801,089	17,744	123,401	942,234	103,720,000	0.91%
1972	460,693	346,818	24,330	831,841	18,863	133,859	984,563	107,595,000	0.92%
1974	460,624	352,103	24,502	837,229	16,417	139,405	993,051	110,573,000	0.90%
1976	478,384	363,273	25,283	866,940	17,593	165,603	1,050,136	113,094,000	0.93%
1978	454,112	375,533	25,073	854,718	18,072	210,999	1,083,789	115,190,000	0.94%
1980	472,680	372,204	25,199	885,083	18,672	233,969	1,137,724	117,060,000	0.97%

2) 카톨릭교회

카톨릭은 1962년 제1차와 1965년의 제2차 바티칸공회의(Concilium Vaticanum Secundum)에서 획기적인 개혁을 이루었다. 이 회의는 교황 요한 23세(Papa Giovanni XXIII, 1881~1963)와 바울 6세(Paolo VI, 1897~1978)의 2대 교황에 걸쳐 행해진 장기회의였다. 이 회의의 목

---

90) 위의 책, pp.194~196. 스즈키는 기독교 정체의 원인을 성직자가 신자의 시선으로 전도활동을 수행하지 않았다고 주장한다.
91) キリスト新聞社編(1992年), 『キリスト教年鑑 1992』, キリスト新聞社, pp.566~567.
　주1. 「기타」는 예수성령교회교단, 원시복음기독교 마크야그룹, 말일성도예수그리스도교회 및 모노미노토 성서책자 협회 등 4교파단체의 합계임.
　주2. キリスト新聞社編(1981年), 『キリスト教年鑑 1981』, キリスト新聞社, pp.446~447에서도 해방 전후 신자 수의 통계가 있지만 1992년판은 수치가 크게 다른 경우도 있다. 따라서 출판년도의 다음의 1992년 신판을 참고했다.
　주3. 人口教는, 「人口推計」統計局ホームページ, 〈http://www.e-stat.go.jp/SG1/estat/NewList.do?tid=000000090001〉, (検索日 : 2009年 7月 22日)참조.

적은 현대화, 즉 구태의연한 권위주의에 빠져 신자들의 요구에 응할 수 없게 된 카톨릭교회를 개혁하는 것이었다. '기독교 이외의 여러 종교에 대한 교회의 선언', '신도 사도 직교령'을 선포하고 지금까지 이단으로 간주하던 종파나 타종교와 대화를 인정하였다. 일찍이 이단을 격렬하게 탄압하고 다른 종교의 존재를 강하게 부정했던 카톨릭은 모든 종교간의 대화를 잇는 고리역할을 담당하게 되었다.[92]

바티칸으로부터의 자유화 물결은 일본의 카톨릭에도 영향을 주었다. 일본에서 타종교와의 대화를 적극적으로 추진하고 있는 종교가 카톨릭이며 또한 개혁으로 신앙의 자유가 인정된 결과 카톨릭 작가의 활약도 두드러졌다.[93] '침묵', '바다와 독약'으로 알려진 엔도 슈사쿠(遠藤周作 : 1923~1996)는 가장 저명한 카톨릭 작가 중의 한 사람이며, 미우라 슈몬(三浦朱門 : 1926~) 부부, 소노 아야코(曽野綾子 : 1931~) 부부, 야스오카 쇼타로(安岡章太郎 : 1920~), 카가 오토히코(加賀乙彦 : 1929~) 등 모두 일본에서는 이름이 꽤 알려진 작가들이다. 전쟁 전의 기독교 작가가 거의 개신교였던 점을 감안하면 전후 카톨릭 작가의 활약은 한층 두드러진 것이다.

3) 개신교회

이 시기는 신자 수의 정체와 더불어 기독교계도 분열이 계속되었다. 전쟁 전 34개 교파가 합동으로 일본 기독교단을 설립하였지만 전후 다시 분리의 움직임이 강해졌다. 예를 들면, 동양선교회 기요메교회, 일본 어셈블리 교단, 성공회, 일본 침례교 연맹, 일본 복음교회, 일본 성결교 교단, 기독우회, 일본 나자렌 교단, 일본 자유감리교교회, 구세군과 같은 소교파가 1953년까지 기독교단에서 이탈하였다.[94] 특히

---
92) 古屋, p.246.
93) 위의 책, p.246.
94) 菊池伸二・菊池榮三, p.482, 古屋 p.22.

일본 기독교단에 큰 충격을 준 사건은 1951년에 39개의 교회가 이탈하여 일본 기독교단을 설립한 사건이다.[95] 일본 기독교단은 조직이탈의 이유를 다음과 같이 설명하고 있다.

> "당시 일본 기독교단은 신앙고백의 일치없이 여러 교파가 합쳐진 전시 상태를 계속 유지하고 있었기 때문에, 구일본 기독교계 여러 교회는 공통되는 신앙과 제도의 교환 속에서 함께 전도하고 교회를 형성하기 원했지만 그 길이 막혔기 때문에 이와 같이 새롭게 걷기 시작했습니다."[96]

일본 기독교단의 이탈은 교회에 대한 이해가 다르고 외국인 선교사에게 의존하는 선교 체질에 대한 반발이 주된 이유였다.[97] 덧붙여서 신앙고백이란 교파의 구성원이 근거로 삼는 규범과도 같은 것으로 타교회로부터 신자를 받아들이거나 혹은 세례시 신자에게 소속 교파의 신앙고백에 동의하는지에 대하여 묻는 교회도 있다.[98]

이들 양 교단의 신앙고백을 비교해 보면 말의 표현이나 순서 등에서 큰 차이는 없었다. 다만 차이가 있다면 단어와 표현을 자세히 파악하지 않으면 분간하지 못할 정도로 미미했다. 신앙의 맹세, 구원의 확신, 죄의 사면, 삼위일체, 십자가의 죽음 후의 부활과 영생은 쌍방이 공통으로 고백하고 있는 부분이다.[99]

---

95) 위의 책, pp.226~227, p.482.
96) 「沿革」, 日本キリスト教会ホームページ, ⟨http://www3.ocn.ne.jp/~nikkits/⟩, (検索日 : 2009年 6月 13日), 구일본 기독교회 모든 교회는 일본그리스도교회를 가리킴.
97) 菊池榮三・菊池伸二, p.482.
98) 「信仰告白」, 日本基督教団遠州栄光教会, ⟨http://www.geocities.jp/enshueikou/html/kokuhaku.html⟩, (検索日 : 2009年 6月 13日).
99) 「データ」, 日本キリスト教会ホームページ, ⟨http://www3.ocn.ne.jp/~nikkits/⟩, ならびに, 「信仰告白」, 日本基督教団ホームページ, ⟨http://www.uccj.or.jp/faith.html⟩, (모두 検索日 : 2009年 6月 13日)

4) 정교회

일본 정통 정교회는 1970년대 일본 하리스토스 정교회가 러시아의 모교회와의 관계를 정상화한 것을 계기로, 1979년에 '러시아 정교회 모스크바 총주교청 주일 포드워리에' 라고 개칭하였고 일본 하리스토스 정교회와의 교류도 현재까지 계속 이어지고 있다.[100] 또한 일본 하리스토스 정교회는 '자치교회' 로서 재정적으로는 러시아의 모교회로부터 독립된 형태로 활동하고 있다.[101]

5) 일본 기독교계 전쟁책임과 사죄

개신교와 카톨릭 양쪽이 공동으로 직면해야 할 과제가 전쟁책임의 고백이었다. 기독교가 국체에 반하는 것으로 간주되어 자유로운 활동을 할 수 없었던 시대인 것은 확실했지만 위험을 무릅쓰더라도 왜 전쟁을 멈추려고 하지 않았던 것인가에 대한 반성이 있어야 했다. 일본 기독교단은 1967년 '제2차 세계대전 일본 기독교단의 책임에 대한 고백'을 발표했다. 거기에는 "교파를 통합하기 위해 국책을 받아들인 점, 전쟁을 시인·지지하고 그 승리를 기도한 점을 잘못으로 인정하며 두 번 다시 같은 잘못을 반복해서는 안 된다."라는 결의가 나타나 있다.[102]

또한 1990년에는 일본 기독교회, 1995년에는 카톨릭교회(일본 카톨릭 주교단을 통해서)가 전쟁책임을 인정하고 있다. 일본 기독교회의 경우는 '한국조선의 기독교회를 상대로 행한 신사참배강요에 대한 죄의 고백과 사죄' 라는 제목으로 태평양전쟁의 문제점을 깨닫지 못한 점, 일본이 식민지 조선에 참배를 강요했을 때 반대의 목소리를 높이지 않았

---

100) 「ロシア正教会駐日ポドウォリエの歴史から」、ホームページ、
〈http://www.sam.hi-ho.ne.jp/podvorie/index.htm〉、(検索日：2009年 7月 6日)
101) 「日本の正教会の歴史と現代」、〈http://www.orthodoxjapan.jp/h-n.html〉、(検索日：2009年 5月 30日)
102) 「第二次世界大戦における日本基督教団の責任についての告白」、日本基督教団公式サイトホームページ、〈http://www.uccj.or.jp/confession.html〉、(検索日：2009年 6月 14日)

던 점 등의 잘못도 인정하고 있다. 그리고 카톨릭도 '평화에 대한 결의-전후 50년을 맞이하여' 라는 성명을 정리한 서적을 출판하여 과거의 잘못을 반성하였다.[103]

---

103) 日本カトリック司教団(1995年), 「平和への決意―戦後五十年にあたって―」, カトリック中央協議会

제3장_ 일본기독교와 현대 한일관계

현재 일본의 기독교도는 2008년 시점에서 카톨릭이 482,518명, 개신교가 617,457명, 정교회가 25,929명이다. 이들 모두를 합치면 1,125,904명으로 총인구 약 12,000만 명 중 불과 1%에 못 미치는 수치이다. 이 장에서는 이러한 현대 일본 기독교의 실태와 그 가운데 한국 기독교와의 관계를 정리하고자 한다.

제3장. 일본 기독교와 현대 한일관계

1. 일본의 종교정책과 조선의 기독교

한일병합이 되던 1910년에 100만 명 전도를 목표로 조선의 감리교와 장로교가 적극적인 선교활동을 펼쳤다. 당시 신자 수가 20만 명 정도에 불과한 점을 감안하면 대대적인 선교활동이라 할 수 있다. 당시 선교활동의 구체적인 방법을 살펴보면 집회개최, 전도문서 배포, 개별 방문 등이었다. 비록 100만 명 전도 목표는 달성하지 못하였으나 선교활동은 조선의 일반 민중에게 기독교를 전달하는 계기가 되었다.[104]

일본 통치시대에는 전국적으로 독립운동이 전개되었고 특히 1919년의 3·1 독립운동에는 기독교신자가 적극적으로 참가했다. 일본 관헌의 손에 의해 2,000명이 넘는 기독교인이 죽임을 당했고 2,033명이 기소투옥, 47개의 교회가 파괴되었다.[105] 이 운동의 상징적 인물인 유관순(1902~1920) 역시 이화학당(현재의 이화여자대학교)에 다니는 기독교신자였다.[106] 당시 이화학당은 선교사 메리 스크랜톤(Mary F. Scranton : 1832~1909)에 의해 조선인 자녀의 교육을 목적으로 설립된 교육기관이었다.[107] 또한 일본인에 의한 일본선교도 행해지고 있었지만 주로 현

---

104) 朴正義(1993年), 『キリスト教国受容における日韓比較』, 国際日本文化研究センター, p.17.
105) 위의 책, p.18.
106) 「미감리회선교시대」, 기독교대한감리회홈페이지 〈http://kmcweb.or.kr/intro/sub03_01.php〉, (検索日 : 2009年8月13日). 또한 1905년 이토 히로부미를 암살한 안중근의사도 기독교인이었다. 「안중근, 동양의 평화 위해 이토 저격」, 한국일보 홈 페이지, (2008년 10월 21일).
〈http://news.hankooki.com/lpage/culture/200810/h2008102103010184330.htm〉, (検索日 : 2009年 8月 13日)
107) 「Spirit」, EWFA WOMANS UNIVERSITY homepage 〈http://www.ewha.ac.kr/english/〉, (検索日 : 2009年 8月 13日).

지 일본인을 대상으로 한 선교가 주였고 일본현지의 조선인에 대한 선교는 큰 효과를 거두지 못했다. 조선과 대만에서도 그랬던 것처럼 현지 사람들에 대한 선교는 경험이 풍부한 외국인 선교사와는 비교할 수 없었다.[108]

일본은 태평양전쟁 중에도 기독교에 대한 탄압을 계속하였다. 체포 투옥된 교회 지도자는 약 2,000명, 옥사자도 50명에 이르렀고 신학교와 함께 200여 개의 교회가 폐쇄되었다.[109] 일본에서 기독교는 민족주의와 대립되는 것이었지만 조선의 기독교는 일본의 민족주의와 대립하면서 식민지 지배에 대한 저항운동의 선봉을 담당했다. 이와 같이 오늘날 한국의 기독교가 성장하게 된 배경에는 일본 식민지 지배의 저항이라는 역사적 배경이 크게 작용하고 있다.[110]

2. 일본에서 재일한국 · 조선인의 기독교

1908년에 도쿄에서 생활하던 조선인 크리스천들이 교회를 설립하여 조선장로회에 목사파견을 요청하였고 이것이 현재 재일대한기독교회의 시초였다.

처음 재일대한기독교회는 유학생들을 전도의 대상으로 삼았지만 1930년대~40년대 일본 내의 조선인 노동자가 증가함에 따라 그들을 대상으로 한 선교활동이 활발하게 전개되었으며 그 범위도 도쿄에서 일본 전국으로 확대되었다. 일본 관서지방을 중심으로 고베(1921년), 오사카(1923년), 교토(1925년), 나고야(1928년)에 잇달아 교회가 설립되었고 1931년에는 큐슈, 고베, 오사카, 교토, 나고야, 도쿄, 홋카이도 등 7개

---

108) 海老沢 · 大内, p.424.
109) 朴, p.18.
110) 鈴木, p.52.

지역에 교회 혹은 전도소가 세워지게 되었다.[111]

그러나 1941년 6월 일본 기독교단 성립 당시 재일대한기독교단은 통합조치의 대상이 되어 전시하의 교회에 대한 감시와 일본어 사용의 강요 등이 행해졌고 또한 치안유지법 위반 혐의로 많은 교회 지도자의 연행과 구속이 이어졌다.[112]

일본 패전 후 현지에 남은 재일조선인 교직자과 신자들은 1945년 11월에 '재일본조선기독교연합회'를 설립하여 일본 기독교단으로부터 탈퇴를 선언했다. 현재 이 교단은 한국 6개 교단(대한예수교장로회 통합·합동·고신, 한국기독교장로회, 기독교대한감리회, 대한성결교회)과 일본의 일본 기독교단, 일본 기독교회 등과 선교협약을 맺고 있다.

재일대한기독교단은 각종 인권운동이나 사회운동에 적극적으로 참여해 왔다. 1959년의 제15회 정기총회에서는 '북한송환에 대한 반대 성명서'를 발표하였으며 1974년에는 '재일한국인문제연구소'를 설립하였다. 일본사회에 큰 파장을 일으킨 '지문날인제도'에 관해서도 1984년 '재일대한기독교회 지문거부 실행위원회'를 결성하고 다음 해 일본 기독교단과 합동으로 '지문날인제도 철폐요구 서명' 8만 명분을 법무성에 제출한 바 있다. 1999년에는 '재일대한기독교회'로 개칭하여 오늘에 이르고 있다.[113]

재일대한기독교회의 사회운동이나 인권운동의 참가에서 알 수 있듯이 기독교는 본래 민족과 국가를 초월한 것이었지만 일본의 재일한국계 교회는 민족 아이덴티티를 강화시키는 장소가 되었다. 그리고 이것은 일본인 신자 수가 적은 것과 연결된다.[114] 현지 재일한국조선인 대

---

111) 「KCCJの歩み」, 在日大韓基督教会, The Korean Christian Church in Japan ホームページ, 〈http://kccj.net/intro/history.html〉, (検索日 : 2009年 6月 18日)
112) 同上ホームページ, 〈http://kccj.net/intro/history.html〉, (検索日 : 2009年 6月 18日)
113) 「KCCJの年表」, 在日大韓基督教会, The Korean Christian Church in Japan ホームページ, 〈http://kccj.net/intro/history1.htm〉, (検索日 : 2009年 6月 19日)
114) 崔吉城(1995年), 「在日韓国キリスト教の普遍性と民族性」, 中部大学国際関係学部紀要14, 中部大学, pp.39~48, 40, 45.

상의 전도 역시 쉽지 않았다. 왜냐하면 재일한국조선인 사회가 이분되어 총련계 재일조선인에게 종교는 북한의 김일성주의에 배반하는 행위이었기 때문이다.[115] 또한 일본이라는 이국에서 살아온 재일한국·조선인은 조선의 문화나 전통을 모국에서 보다 오히려 더 뿌리 깊게 보유하고 있었으며 특히 유교의 전통과 기독교가 상충하는 경우도 많았다.[116]

재일한국계 교회는 일본인뿐만 아니라 재일한국·조선인과의 관계 형성에서도 큰 과제를 안고 있었다. 현재 재일한국·조선인 기독교인 수는 불확실하지만 2009년도 일본법무성 발표에 의하면 재일대한기독교회의 신자 수는 6,077명, 교회 수는 79개, 전도소는 15개(2008년)이다.[117] 같은 해 특별영주자의 수가 43만 명으로 재일한국·조선인 중 기독교인의 비율은 0.2%정도에 불과하다.[118]

3. 한류와 기독교

일본의 패전으로 조선의 기독교는 해방되었지만 공산주의를 표방하는 북한에서는 엄격한 감시와 탄압을 받았고 한국전쟁으로도 큰 타격을 입었다. 전쟁 후 한국교회는 해외 특히 미국으로부터의 원조물자 수입과 배급거점 역할을 하게 되었다. 한국에서 교회는 풍요와 선진구미문화의 상징으로 여겨져 신자 수가 급속히 증가하기 시작했다. 1955년까지 교회 수 역시 한국 전쟁 전의 2배인 2,000개소로 증가했다.[119]

---

115) 東京都心部의 韓国系教会에 다니는 한국인 여성크리스천 대상의 인터뷰조사내용, 2009年 2月 28日 도쿄에서 실시함.
116) 위의 인터뷰내용 참조.
117) キリスト新聞社編(2008年), 『キリスト教年鑑 2008』, キリスト新聞社, pp.1390~1391.
118) 『平成20年版「出入国管理」日本語版』, 법무성출입국관리국 홈페이지,
⟨http://www.moj.go.jp/NYUKAN/nyukan78-1.pdf⟩, (검색일: 2009년 4월20일), p.98.
119) 朴, p.18.

한국 기독교는 박정희(1963~1979), 전두환(1981~1987), 노태우(1988~1992)로 이어지는 군사정권 하(1963~1993)에서는 독재체제에 대한 반대운동에 앞장서기도 하였다.[120] 한국 기독교는 일본 통치시대부터 해방 후 군사정권에 이르기까지 반대운동의 중심역할을 하였으며 일반민중에게 교세를 확장시켜 나아갔다. 기독교 신자 수는 1970년대부터 급속히 증가하여 서울 여의도에서 마침내 100만 명 대규모 집회가 개최되기에 이르렀다.[121] 국내는 물론이고 해외로 선교사 파견도 활발하게 전개되었으며 2009년 통계에 의하면 169개국에 20,445명의 선교사가 파견되었으며 이것은 미국 다음으로 많은 숫자이다.[122] 2009년 현재 한국의 기독교인 수는 전 인구의 약 30%를 차지하기에 이르렀다(기독교 신자 약 18.3%, 카톨릭 신자 약 11%).[123]

일본에 대한 한국계 교회의 선교활동이 활성화된 것은 1980년대 후반 이후이며[124] 현재 한국인 선교사 및 목사는 약 1,400명 정도로 증가했다.[125] 일본에 있는 한국인 크리스천 인구는 정확하지는 않지만 2007년 통계에 의하면 영주자를 제외한 일본체류 한국인은 약 140,000명으로 그 중 30%정도로 계산할 경우 약 4만 명의 기독교인이 일본에 체류하고 있는 셈이다.[126]

최근에는 한류를 통한 일본교회의 성장을 목적으로 '러브소나타'라는 대규모 집회가 한일교회합동으로 개최되었다. 이 집회는 한국과

---

120) 한국기독교역사학회편(2009년), 『한국기독교사 Ⅲ 해방이후 20세기 말까지』, 한국기독교역사연구소, pp.234~247.
121) 위의 논문, pp.28~29.
122) 韓国世界宣教協議会(Korea World Mission Association : KWMA), 한국 서울에서 설문조사 (2008年 10月 1日실시).
123) 「테마별 통계 종교」, 통계청 홈페이지,
 〈http://www.kosis.kr/planstic/stat_theme/term_index.jsp〉, (検索日 : 2009年 8月 15日)
124) 東京北部의 韓国系教会에 다니는 일본인 여성크리스천의 인터뷰조사내용, 2009년 4월 10일 동경에서 실시함.
125) 東京北部의 韓国系教会의 韓国人목사 인터뷰조사내용, 2009년 3월 8일 동경에서 실시함.
126) 『平成20年版「出入国管理」日本語版』, 법무성출입국관리국 홈페이지,
 〈http://www.moj.go.jp/NYUKAN/nyukan78-1.pdf〉, (검색일: 2009년 4월 20일), p.98.

일본의 저명한 목사뿐만 아니라 한류스타들이 대거 참가하여 한류를 통한 기독교와의 친근감을 전달하려는 의도에서 시작되었다.[127] 현재 일본에서 활동하고 있는 한국 기독교인들은 일본인 기독교인들과 다양한 네트워크를 구축하면서 일본사회의 문화적 적응을 다각도로 모색하고 있다.

사진7) 러브소나타(삿뽀로, 센다이) 포스터

4. 일본 기독교의 현재와 전망

현재 일본의 기독교인은 2008년 시점에서 카톨릭이 482,518명, 개신교가 617,457명, 정교회가 25,929명이다.[128] 이들 모두를 합치면 1,125,904명으로 총인구 약 12,700만 명 중 불과 1%에 못 미치는 수치이지만 이런 현상에 대한 평가도 엇갈리고 있다. 예를 들면, 양의 성장이 질적 저하를 초래한다는 우려가 있는 한편[129] 통계에 나타나지 않는 신자의 존재, 혹은 성서나 기독교에 대한 일본인의 높은 관심을 고려한다면 수치상으로 측정할 수 없는 기독교의 영향력이 일본에 존재한다고 지적하는 의견이 많다.[130] 이 점에 관해서는 향후 좀 더 많은 연구와 논의가 필요할 것이다.

---

127) 사진은 「ラブ・ソナタ札幌・仙台ポスター(2007 11)」, Love Sonata Japan ホームページ, 〈http://www.lovesonata.org/japan/sub.asp?gubun=0403〉, (検索日:2009년 7월 6일).
128) キリスト新聞社編(2008), 『キリスト教年鑑』, pp.1390~1391.
129) 古屋, pp.60~61.
130) 鈴木, pp.109~111.

〈표 4〉 일본 기독교인 수의 추이 : 쇼와시대(해방이후 2)[131]   (단위 : 명)

연도	개신교	카톨릭	정교	신자수합계	교직자수	기타	총수	인구수	인구비(%)
1982	485,988	396,416	25,161	907,565	18,234	308,987	1,234,786	118,728,000	1.04%
1984	494,926	408,051	25,309	928,286	17,500	370,415	1,316,201	120,305,000	1.09%
1985	499,336	410,758	25,498	935,592	16,687	497,034	1,449,313	121,049,000	1.20%
1986	495,203	416,481	25,654	937,338	16,894	451,571	1,405,803	121,660,000	1.16%
1987	520,027	422,428	25,655	968,120	20,157	491,353	1,479,630	122,239,000	1.21%
1988	535,071	428,423	25,729	989,223	19,431	518,639	1,527,293	122,745,000	1.24%
1989	545,650	435,457	25,766	1,006,873	18,910	538,991	1,564,774	123,205,000	1.27%
1990	546,583	412,023	25,803	984,409	19,009	555,375	1,558,793	123,611,000	1.26%
1991	555,963	413,766	25,867	995,596	19,166	559,546	1,574,308	124,101,000	1.27%
1992	576,577	418,706	25,867	1,021,150	19,836	742,814	1,783,800	124,567,000	1.43%
1994	593,245	423,172	25,713	1,042,130	20,203	-	1,062,333	125,265,000	0.85%
1995	602,353	434,844	25,713	1,062,910	19,572	-	1,082,482	125,570,000	0.86%
1996	600,350	437,590	25,713	1,063,653	19,510	-	1,083,163	125,859,000	0.86%
1997	587,980	451,795	25,713	1,065,488	19,249	-	1,084,737	126,157,000	0.86%
1998	590,018	452,993	25,713	1,068,724	19,445	-	1,088,169	126,472,000	0.86%
1999	602,845	457,199	25,713	1,085,757	18,410	-	1,104,167	126,667,000	0.87%
2000	592,924	464,725	25,713	1,083,362	11,344	-	1,094,706	126,926,000	0.86%
2001	592,934	441,772	25,713	1,060,419	10,896	-	1,071,315	127,291,000	0.84%
2002	617,490	444,240	25,955	1,087,685	11,045	-	1,098,730	127,435,000	0.86%
2003	618,089	473,807	25,935	1,117,831	11,336	-	1,129,167	127,619,000	0.88%
2004	617,053	477,624	25,916	1,120,593	11,751	-	1,132,444	127,687,000	0.89%
2005	625,421	476,013	25,929	1,127,363	11,389	-	1,138,752	127,768,000	0.89%
2006	612,622	478,644	25,929	1,117,195	11,623	-	1,128,818	127,770,000	0.88%
2007	618,259	481,536	25,929	1,125,724	12,988	-	1,138,712	127,771,000	0.89%
2008	617,457	482,518	25,929	1,125,904	12,727	-	1,138,631	127,692,000	0.89%

일본에서 메이지시대 이후 일관되게 계속 발생되고 있는 문제는 교파간의 분열과 대립을 들 수 있다. 특히 개신교의 경우 1950년대 일본

---

131) キリスト新聞社編(2008年), 『キリスト教年鑑2008』, キリスト教新聞社, p.76.
    주1. '기타'는 예수성령교회교단, 원시복음 그리스도 마크야그룹, 말일성도예수그리스도교회 및 모노미노토 성서 책자 협회 등 4교파 단체의 합계로 한 1992년 통계수치임.
    주2. 인구 수는 '인구추계' 統計局ホームページ,〈http://www.e-stat.go.jp/SG1/estat/NewList.do?tid=000000090001〉, (檢索日 : 2009年 7月 22日) 참조.

기독교회와 일본 기독교단, 1970년대부터 정치적·사회적 활동에 참여하는 사회활동파와 어디까지나 교회의 선교활동에만 중점을 두는 교회중심파[132] 그리고 신앙의 기초에 성경의 자구를 두는 복음파와 성서 이외에도 성령에 의한 자신의 개인 체험을 강조하는 성령파 등 교파 간의 대립이다. 물론 이것은 일본뿐만 아니라 해외에서도 나타나는 현상이지만 현대사회에서도 여전히 분열이 계속되고 있다.[133]

기독교는 일본에서나 다른 나라에서 인간의 죄와 하나님의 사랑, 예수의 죽음과 십자가에서의 부활, 죄 용서와 영원한 생명 등을 전하고 있다. 이것은 개인이 어떻게 반응하는가에 달려 있으므로 신앙인이 되는 계기는 모두가 같다고 할 수는 없다. 일본에서의 선교역사를 살펴보면 오늘날에도 같은 현상이 나타난다. 이것은 기독교를 접하면서 개인은 나를 발견함과 동시에 나를 자각하게 되는 현상이다. 메이지시대 이후 많은 문학자들이 청년시절 한번쯤은 기독교에 심취했다는 사실만 보더라도 기독교의 개인에 대한 영향이 컸다고 볼 수 있다.

일본의 전통적 사회에서 존재하는 사회는 가문, 부락, 국가 등의 장(場)에 의미가 강했으며 결코 사회를 구성하는 개개인의 구성원에 의미가 있던 것이 아니었다. 구성원들에게 요구되는 것은 개인, 즉 자아를 죽이고 사회를 위해 살아가는 것이었다. 그러나 근대 세계의 조류가 일본 사회에 밀어닥치자 지식인들 사이에서는 전통적 세계에서 벗어나고 싶은 욕망이 생겨났지만 전통 사회의 구속력이 너무나 강했고 마침 그때 등장한 기독교가 전통 사회에서 벗어날 수 있는 계기를 마련해 준 것이다.

일본사회에서 전통적 세계로부터 해방을 주장했던 것이 청년층이었다는 것은 결코 우연이 아니다. 청년기는 자아를 지각하는 시기이며

---

132) 古屋, p.253.
133) 東京北部의 韓国系教会의 韓国人男性牧師 대상 인터뷰조사내용, 2009年 3月 8日 동경에서 실시함.

개인의 성장기다. 일본의 청년들은 이 시기에 죽음의 문제, 인생관, 성 문제들과 접하면서 전통 사회가 2중, 3중으로 구속하고 있는 속박으로부터 해방되고자 고민하였다. 이 시기에 기독교와 만나면서 일본 청년들은 큰 충격을 받게 되었고 그 해결책을 기독교에서 찾으려 하였다. 이러한 이유로 일본교회는 서구와 달리 청년층을 중심으로 구성하게 되었다.

일본에서의 신앙생활에는 여러 가지 난제가 잠재되어 있다. 첫째는 일본은 전혀 다른 이교도의 세계이고 이러한 사회 환경 속에서 기독교 신자라고 하는 것은 존재 여부도 불투명한 소수집단에 불과하다는 것이다. 그러나 전통적 가치체계가 동요하던 시기에는 명확한 신앙을 가진 소수의 신자들이 사회에 대해 영향력을 가지고 있었으나 일본의 전통적 가치체계가 강화되면서 소수집단의 가치로 축소되었고 전통적 가치체계를 비판하는 것 또한 허락되지 않았다. 그러므로 소수집단은 전통 사회와 타협을 하거나 아니면 피해가는 길을 선택해야만 했다. 결국 전통적 가치체계로부터 해방을 시도했던 사람들에게 일본교회는 정확한 해결책을 제시하지 못했던 것이다.

둘째는 일본인 신자가 신앙생활의 문제로부터 도피하려고 할 때, 그러한 내면의 고민 해결 장소를 교회 안팎에서 제공해 주지 못했다는 것이다. 일본에서 사회집단으로부터 독립한 개인의 개종은 전통적 사회의 구속력에서 약화되는 것일 뿐 개인은 그것으로부터 해방되기를 바랬지만 집단의 구속력은 완전히 붕괴되지 않았다는 것이다. 즉, 교회는 전통적 세계에서 소외된 사람들이 모이는 형태이며 그들은 결국 가족에도 지역 사회에도 뿌리를 내리지 못하는 존재가 되고 말았다. 따라서 일본의 교회는 지역 공동체 교회로서의 성격을 전혀 갖추지 못하게 되었다. 일본교회는 회당으로서 특정 지역에 위치해 있었을 뿐 지역 사회에서는 전혀 영향력을 끼치지 못하는 존재였다.

일본에서 기독교의 선교활동과 신앙생활을 지속해 나가는 일에 가장 문제가 되는 것은 신앙생활이 청년기의 어느 한 시점까지만 지속된 다는 것이다. 학교를 졸업하고 취업을 하거나 결혼을 하면 교회로부터 멀어져 점점 신앙이 상실되어 간다. 이러한 신앙 상실자들이 공통적으로 보이는 현상은 배교자의식의 결여이다. 그들은 청년기 한때의 즐거운 기억으로 신앙생활을 회상할 뿐 하나님과의 약속을 저버린 것에 대한 두려움이나 배신했다는 자책감을 전혀 가지고 있지 않다.

그들은 또한 교회에서 받은 교육을 사회에 진출하기 위한 하나의 과정으로 생각하고 있으며 신앙생활을 청년기 정신 위생의 하나라고 생각한다. 사회인이 되어서도 여전히 신앙을 가지고 있는 사람은 이상한 사람이고 융통성 없는 인간으로 취급하게 된다. 이와 같이 일본에서 신앙을 버리는 이유는 여러 가지 사회적 심리적 요인에서 찾을 수 있을 것이다. 그렇지만 최대의 원인은 무엇보다도 신앙을 포기하는 것에 대한 증오감과 자책감을 동반하지 않는 신앙 그 자체에 있다고 볼 수 있다. 만약 신앙고백이 개인의 죄와 그리스도의 용서에 대한 전인격적인 응답이었다고 생각한다면 사회생활에 의해 인생관에 동요가 발생해 신앙을 포기할 경우 심각하게 고민하게 될 것이다. 그러나 신앙을 상실 했음에도 불구하고 아무런 상처가 남아 있지 않았다는 것은 신앙고백 자체에 인격적인 신앙의 결단이 결여되어 있는 것을 증명하는 것이다.

결과적으로 일본 교회는 매년 상당수의 청년들이 세례를 받지만 대부분의 청년들이 몇 년 후 신앙을 상실하는 '깨진 항아리식 전도'가 계속되고 있다. 따라서 일본교회는 항상 청춘 남녀들이 중심인 젊은 교회의 모습을 띨 수밖에 없을 것이다. 일본교회는 진정한 회심자와 개종자, 그리고 세례를 받은 사람들의 수가 중요하다는 것에 진지하게 주목해야 한다. 일본교회는 이러한 신앙상의 문제가 교회성장에 중요하다는 것을 인식하여 그 대안을 제시할 필요가 있다.[134]

---

134) 隅谷三喜男(1962), 『現代日本のキリスト教』, 新教出版社, pp.25~30.

제4장 _ 일본의 문화적 특징과 이민교회의 성장

일본 개신교의 역사는 1859년 미국인 리긴스와 윌리엄스 선교사가 나가사키항에 입항하면서 본격적으로 시작되었다. 그러나 일본선교 150주년이 지난 오늘날 일본 개신교 인구는 총 1억2천7백만 명 중 0.4%에 불과하며 카톨릭까지 포함하여 0.8%로 1%가 채 되지 않는다. 이 장에서는 설문조사자료를 바탕으로 일본에서의 한국계 이민교회(재일한국·조선인 기독교회 포함) 및 일본교회의 성장과 정체현상 요인을 문화적 측면에서 고찰하고자 한다.

제4장. 일본의 문화적 특징과 이민교회의 성장

1. 일본의 문화적 특성과 기독교 정체

일본교회는 해방 이후 줄곧 정체되어 왔으며 소형교회가 대부분을 차지하고 있다. 2004년도 발표된 내용을 구체적으로 살펴보면 일본교회의 규모는 1~10명의 교회가 17%, 11~30명의 교회가 41.3%로 신자수 30명 미만의 소규모 교회가 전체 67%(1~30명의 교회)를 차지하고 있다. 또한 31~50명의 교회는 17.5%, 51~99명의 교회는 11%로, 전체교회의 91%가 100명 미만으로 나타났다.[135]

〈표 1〉 한일기독교의 문화적 특성 비교

구분	한국교회	일본교회
목적	전도중심 전도명령(마 28:19-20)	사회적 책임 문화명령(창: 1:28)
생활중심	교회운동 중심 교회중심 생활	가정과 사회 사회생활중심
교회활동	활동과 기도 강조	교육, 생각하는 교회
목사지위	지도자의 권위 높은 지위, 급료	사회자, 상담자 낮은 지위, 급료
교회성장	양적 성장 중시 회심자 중심 실증주의	질적 성장 중시 결과에 무관심(과정중시) 정신주의(우치무라 간조 영향)
전도대상방법	일반시민	생활과 증거의 전도(합리적 측면 강조)
교회조직	권위적	민주적

---

135) 미와노부오(1995), 「일본인의 의식과 재한 일본인 전도」, 『상담과 선교』, p.47참조.

그렇다면 일본교회는 왜 해방 전후 크리스천 수가 정체되어 왔고 현재와 같은 소규모 교회가 형성되었는가? 일본 기독교 정체원인에 대한 기존 연구 결과를 살펴보면 1587년 도요토미 히데요시 정권의 선교사 추방령 이후 약 300년간 지속된 기독교 탄압정책으로 거슬러 올라간다. 도요토미 히데요시의 기독교 탄압정책의 주요내용은 종문개역(혼인, 이사, 여행, 취직시 이동증명서), 데라우케제도(절에 소속되어 크리스천이 아니라는 증명서 발급), 후미에(크리스천이 아니라는 증명을 보여 주기 위해 예수의 상이나 십자가를 밟고 지나가도록 하는 행위), 5인조제도(농민을 다섯 가옥이 한 조가 되어 감시), 기리시탄 유족조사(무라하치부-다른 사람과 교류 금지)등 이었다.[136]

1868년 메이지유신 이후 일본이 표방해 온 천황제 중심의 '신도국교화'도 기독교의 유일신 기본교리와 배치된다. 일본신도는 다신교와 범신론의 영향을 받아 800만 신의 존재를 주장하며 누구를 믿든 믿음의 대상은 중요하지 않다고 하며 유일신을 정면으로 부정해 왔다. 예를 들면 "후지산 정상 정복의 길은 여러 갈래가 있으며 각기 정복하는 길은 달라도 정상에 오르기만 하면 된다."라는 식의 논리이다. 따라서 일본인의 기독교에 대한 개념은 흔히 종교심이 강하고 신앙심이 부족하다는 말처럼 여러 종교 중의 하나라는 생각이어서 신앙의 대상은 그리 중요하지 않다.

또한 〈표 1〉에 나타난 바와 같이 한일간 문화적 차이와 더불어 교회 성장에 대한 생각도 교회의 질적 성장을 중시하며 양적 결과보다는 과정을 중시하는 등 일본 기독교인들이 해방 이후 일본교계를 이끌어 온 정신적 지주인 우치무라 간조, 야마무로 군페이, 카가와 도요히코 등의 청빈사상의 영향을 크게 받았다고 할 수 있다.

---

[136] 앞의 논문, 미와노부오(1995) 참조.

2. 조사대상자의 개인적 특성

먼저 이 연구에서 사용되고 있는 조사대상자의 개인적 속성과 분포에 대하여 상세히 살펴보도록 하자.

〈표 2〉 설문조사 응답자의 개인적 특성

조사항목	구분	빈도수	비율	합계
성별	남성	88	49.4%	178(100)
	여성	90	50.6%	
결혼여부	독신	78	43.8%	178(100)
	기혼	92	51.7%	
	이혼	8	4.5%	
국적	일본	126	70.8%	178(100)
	한국	46	25.8%	
	중국	1	0.6%	
	재일동포	3	1.7%	
	기타국적	2	1.1%	
교회형태	종교법인	159	89.3%	178(100)
	재단법인	15	8.4%	
	기타	4	2.3%	
연령	20세 미만	13	7.3%	178(100)
	21~30세	34	19.1%	
	31~40세	24	13.5%	
	41~50세	31	17.4%	
	51~60세	36	20.2%	
	61~70세	26	14.6%	
	71세 이상	14	7.9%	
직업분포	중고등학생	7	3.9%	178(100)
	대학 및 대학원생	23	12.9%	
	회사원	51	28.7%	
	자영업	18	10.1%	
	자유업	3	1.6%	
	목사 및 선교사	30	16.9%	
	기타 전업주부	46	25.8%	

〈표 2〉에 나타난 바와 같이 성별분포를 살펴보면 남성이 49.4%, 여성이 50.6%로 나타나 성별로 거의 대등한 분포를 보이고 있고, 결혼여부에 대한 질문에서는 독신이 43.8%, 결혼이 51.7%, 이혼이 4.5%로

나타났다. 국적별 분포는 일본이 70.8%, 한국이 25.8%, 중국이 0.6%, 재일동포가 1.7%, 기타 국적이 1.1%로 상대적으로 일본인이 많았다. 현재 다니고 있는 교회의 형태에 대해서는 종교법인 89.3%, 재단법인 8.4%, 기타가 2.3%이었다. 연령별 분포에서는 20대 미만이 7.3%, 21~30세가 19.1%, 31~40세가 13.5%, 41~50세가 17.4%, 51~60세가 20.2%, 61~70세가 14.6%, 70세 이상이 7.9%로 60세 이상의 고령자들이 22.5%로 상당수 포함되어 있다. 직업별 분포에서는 중고등학생이 3.9%, 대학 및 대학원생이 12.9%, 회사원이 28.7%, 자영업자가 10.1%, 자유업이 1.6%, 목사 및 선교사가 16.9%, 전업주부가 25.8%로 일본현지 선교활동에 참여하고 있는 분들이 많이 포함되어 있다.

   이 연구의 결과를 이해하기에 앞서 한 가지 고려해야 할 사항은 이 연구의 목적에 맞게 응답자의 대부분이 크리스천들이며 현지에서 목회활동에 참여하는 목사와 선교사가 상당수 포함되어 있다는 점이다. 또한 이들은 현지에서 일본인과 한국인을 대상으로 선교활동을 주도하거나 직·간접적으로 경험하고 있는 사람들이 대부분이라는 점을 염두해 둘 필요가 있다.

   그러면 조사대상자들이 일본 현지에서의 선교활동에 대하여 어떻게 생각하고 있는지 알아보도록 하자.

〈표 3〉 일본에서의 기독교의 성장과 변화

조사항목	매우 불만	불만	보통	만족	매우 만족	합계
교회변화	1(0.6)	40(24.4)	53(32.3)	61(37.2)	9(5.5)	164(100)
신자 수 예상	0(0.0)	11(6.6)	36(21.6)	53(31.7)	67(40.1)	167(100)
교육 및 선교활동 참여	2(1.3)	7(4.6)	41(26.8)	66(43.1)	37(24.2)	153(100)
일본인 이미지	0(0.0)	1(2.3)	13(29.5)	24(54.5)	6(13.6)	44(100)
한국인 이미지	0(0.0)	5(3.8)	74(56.9)	30(23.1)	21(16.2)	130(100)
한일선교방식	29(18.1)	62(38.8)	54(33.8)	15(9.4)	0(0.0)	160(100)
기업가 선교활동	16(10.6)	36(23.8)	80(53.0)	19(12.6)	3(2.0)	151(100)

⟨표 3⟩의 조사결과를 보면 뉴커머 교회보다는 일본 현지 교회가 상당수 포함되어 있는 관계로 신자 수 변화에 대해 "감소했다."라는 응답이 절반 이상을 차지했다. 특히 여기에서는 정확한 통계수치는 제시되지 않았지만 일본인 중심 교회의 경우 "신자 수의 감소, 혹은 전혀 변화가 없다."라는 응답이 많았다.

향후 교회성장에 대하여 어떤 전망을 하고 있는지 질문한 결과 71.8%가 향후 교회가 성장할 것으로 전망했다. 물론 6.6%에 해당되는 응답자가 여전히 교회성장에 대하여 회의적인 반응을 보이고 있지만 이러한 현상은 현재 응답자의 소속교회에서 긍정적인 변화를 어느 정도 감지할 수 있는 고무적인 현상으로 받아들여지며 향후 현지 선교활동에 상당히 기대되는 결과이기도 하다. 또한 최근 한일관계나 한류의 영향을 어느 정도 반영하는 긍정적인 결과로 해석할 수 있다.

조사대상자들이 교회 내에서 주관하는 교육 및 선교활동에 대한 참여여부에서는 "참여하고 있다"가 43.1%, "적극적으로 참여하고 있다"가 24.2%로 합계 67.3%가 교회에서 "적극적으로 활동하고 있다."라고 응답했다.

다음은 한국인 크리스천들에게는 일본인 이미지에 대하여 그리고 일본인 응답자들에게는 한국인 이미지에 대하여 "귀하는 일본인(한국인)에 대하여 어떻게 생각하십니까?"라고 질문하였다. 한국인은 일본인에 대하여 68.1%가 긍정적인 이미지를 갖고 있는 것으로 나타났으나 일본인의 한국인에 대한 이미지는 "보통"이 56.1%, "매우 좋아한다."가 39.3%로 한국인의 일본인 이미지보다 답보상태에 머물러 있는 것으로 나타났다.

한일선교방식에 대해서는 "흔히 한국인은 행동력이 뛰어나고, 일본인은 냉철한 분석력과 자본력이 풍부하다고 합니다. 이 말대로라면 한국인은 전도에 힘쓰고 일본인은 전도의 방법에 대하여 조언하거나 금전적 물질적인 지원을 하는 것이 일본선교를 위해 바람직하다고 생각됩니다만, 귀하는 이러한 의견에 대하여 어떻게 생각하십니까?"라고 질문한 결과를 살펴보면 "그렇게 생각하지 않는다."가 56.9%, "보통"이 33.8%, "그렇게 생각한다."가 9.4%로 대체로 찬성하지 않는 것으로 나타났다. 인터뷰조사에 의하면 이러한 의견에 대하여 일본인 응답자는 "전도와 선교에 경제력을 이용하려는 흑심을 품어서는 안 된다."라고 단호히 잘라 말했다.

교회와 기업가와의 관계에 대한 기존연구(田嶋, 1998)에 의하면 한국인 기업가의 형성이 한국계 교회의 증가와 관련성이 높다고 분석한 바 있다. 이번 조사에서는 "교회 신자들 중에 자영업자(기업가)들이 선교활동에 아주 적극적이라고 생각하십니까?"라고 질문한 결과, 응답자들의 70% 이상이 일본인임을 감안하면 "그렇게 생각한다."라고 응답한 비율이 14.6%로 상당히 높은 것으로 생각할 수 있다.

그러면 구체적으로 교회에 참석하는 크리스천 개개인의 문화적 특성이 교회의 성장에 어떤 영향을 미치는가에 대하여 살펴보도록 하자.

〈표 4〉 응답자의 문화적 특성과 교회성장과의 상관분석

독립 종속	교회 성장도	교회성장 전망도	교육 및 선교활동	일본인 이미지	한국인 이미지	한일선교 협력희망	한일선교 지원전망	기업가 선교활동
연령	-0.110	-0.083	-0.121	-0.178**	0.115	0.161	-0.228	-0.192
성별	-0.003	-.0023	0.032	-0.020	0.014	0.045	-0.056	-0.165
재직기간	-0.003	0.066	0.058	-0.053	0.193	-0.103	0.124*	0.083
봉사시간	0.048	0.049	0.160*	0.317***	-0.200	0.307***	0.169	-0.066
정기헌금	0.022	-0.027	-0.166*	0.072	-0.061	0.070	0.196*	0.111
선교활동 참가 여부	0.481***	0.466	0.566***	0.000	0.089	-0.101	0.142	0.394***
교회성장 여부	0.279*	0.305***	0.113	0.089	0.087	0.409**	-0.048	-0.080
F값	15.290***	13.481***	15.951***	2.856**	1.775*	5.952***	1.848**	3.119***
R2	0.512	0.514	0.482	0.120	0.050	0.235	0.075	0.144

주) *p<.05, **p<.01, ***p<.001

〈표 4〉와 같이 교회신자들의 연령, 성별, 재직기간, 봉사시간, 정기헌금, 선교활동 참가, 교회성장여부 등을 독립변수로 하여 교회성장도, 교회성장전망도, 교육 및 선교활동, 일본인 이미지, 한국인 이미지, 한일선교협력희망, 한일선교지원전망, 기업가의 선교활동 등을 종속변수로 회귀분석 결과를 나타내고 있다.

위에서 나타난 바와 같이 연령, 재직기간, 봉사시간, 정기헌금, 선교활동여부, 교회성장여부에 있어서 상관관계가 높은 것으로 나타났다. 연령과 일본인 이미지는 부(負)의 관계로 연령이 낮은 한국인일수록 일본인에 대하여 긍정적인 이미지를 갖고 있는 것으로 나타났다. 교회에서의 재직기간과 한일선교에 지원전망이 정(正)의 관계로 나타났으며 교회를 오래 다니고 있는 사람일수록 한일선교지원에 대하여 긍정적인것으로 나타났다. 봉사시간은 교육 및 선교활동, 일본인 이미지, 한일선교협력희망과 정(正)의 관계로 교회에서 봉사시간이 길수록 교회에서 주최하는 교육 및 선교활동에 적극적으로 참여하고 있었으며 한일선교협력도 적극적으로 희망하고 있었다. 또한 일본현지교회에서 적극적으로 봉사하고 있는 크리스천일수록 일본인 이미지에 대하여 호의적이었다. 정기헌금은 교육 및 선교활동과 부(負)의 관계, 한일선교지원과 정(正)의 관계로 나타났는데 정기헌금을 많이 하는 신자일수록 교회의 교육 및 선교활동에는 자주 참석하지 못하는 대신에 선교지원에 대해서는 적극적으로 희망하고 있었다.

이러한 결과는 정기헌금을 많이 하는 사람들 대부분이 전문직이거나 기업가들이 많아 바쁜 일상생활 때문에 교회에서 주최하는 행사에는 자주 참석하지 못하지만 대신 선교에 대한 지원을 적극적으로 희망하고 있기 때문인 것으로 해석할 수 있다. 다음은 선교활동참가여부가 교회성장, 교육 및 선교활동, 기업가 선교활동과 정(正)의 관계로 나타났다. 교회에서 선교활동에 적극적으로 참여하고 있는 신자가 많을수록 교회가 성장하고 있다고 응답했으며 교육 및 선교활동에도 적극적으로 참여하는 것으로 나타났다. 또한 교회 내에서 기업가들도 선교활동에 적극적으로 참여하고 있다고 응답하였다. 교회성장여부는 교회성장도, 교회성장전망도, 한일선교협력희망과 정(正)의 관계로 일본 현지에서 성장하고 있는 교회일수록 한일선교협력에 많은 관심을 가지고 있는 것으로 해석된다.

3. 일본문화의 특성과 기독교 성장 사례

1) 일본계 기독교의 정체와 한국계 기독교의 성장요인

청빈사상과 질적 성장을 강조하는 일본의 문화적 특성이 기독교의 성장에 미치는 영향에 대하여 살펴보도록 하자. 일반적으로 로마 카톨릭의 경우 물질적인 세계를 부정하는 경향이 강하지만 개신교의 경우 물질적인 성공은 하나님의 영광을 위해서 반드시 필요하다고 여기고 있다.[137] 루터의 종교개혁 안에는 개신교의 직업적 소명의식과 근면 검소한 생활정신이라는 종교적 개념을 함유하고 있다. 소위 루터가 말하는 소명의식이란 카톨릭 수도원의 금욕주의나 은둔생활에서 나타나는 것을 지칭하는 것이 아니고 각자가 사회적 지위에 따라 주어진 의무를 성실히 실천함으로써 나타나는 결과를 강조한다. 따라서 개인적인 부의 축적이나 성공은 장려하지만 교회나 목사가 부를 축적하는 일은 절대적으로 금지하고 있어 해방 이후 일본교계 지도자들의 정신적 세계와도 일맥상통하고 있는 부분이 있다.

도쿄에 거주하는 R목사는 "일본교회는 도요토미 히데요시, 도쿠가와 이에야스의 기독교 박해, 메이지유신 이후 천황제 신토의 영향으로

---

137) 막스베버, 김상희 옮김(2006), 『프로테스탄트 윤리와 자본주의 정신』, 풀빛.

기독교의 선교활동에 민감하다. 일본에서는 청빈, 한국에서는 청부라는 말이 있다. 일본인들이 목사에게 청빈하도록 요구하고 있는 것은 유명한 전도자인 우치무라 간조, 야마무로 군페이, 카가와 도요히코의 영향이 크다. 여기가 아무리 일본이더라도 한국인의 정서상 목사들에게 청빈한 삶만을 요구하는 것은 상당히 힘든 일이다."라고 응답해 이러한 정신적 요구가 목회에 상당히 부정적인 영향을 미친 것으로 판단된다. "일본에서는 '무사는 굶고도 배부른 체하며 이를 쑤신다.'라는 말이 있다. 대성당의 감동보다는 오히려 작은 돌을 정성스럽게 모아 쌓은 성당에 일본인들은 감동한다."라고 말해 한국의 대형교회 중심의 교회 성장론에 대해 상당히 신중한 자세를 보였다.

또한 일본인 H목사의 경우 "교회성장을 위해 적극적으로 노력하는 선교도 중요하지만 정신적인 성숙을 생각하는 것도 중요하다. 한국 선교사들을 보면 빠른 결과에 치중하다 보니 서두르는 경향이 있다. 일본인의 국민성을 생각해 보면 관계전도, 즉 서로 친해져서 마음이 열리고 신뢰가 쌓일 때까지 상당한 시간이 걸린다. 열정보다는 냉정한 의견조율에 대담함보다는 순서와 절차에 따라, 그리고 양적 성장보다는 질적 성장을 따지는 것이 일본인이다."라고 하여 한국에서 강조하는 양적 성장보다는 현지 일본의 문화적 특성인 절차와 형식에 따른 질적 성장을 강조하였다.

그러면 먼저 한국계 교회의 성장 요인에 대하여 어떻게 생각하고 있는지 살펴보도록 하자.

〈표 5〉 한국계 교회성장 요인

구분	빈도	%
선교활동이 활발하기 때문에	71	44.7
목사의 설교가 뛰어나기 때문에	5	3.1
한국어나 한국 요리가 인기	2	1.3
신앙보다는 인간관계로 모임	21	13.2
한류와 같은 한국 붐 때문에	16	10.1
잘 모르겠다.	38	23.9
기타	6	3.8
합계	159	100

〈표 5〉는 조사대상자들에게 "왜 일본에서 한국계 교회가 급성장했다고 생각하십니까?"라고 질문한 결과이다. 응답자의 44.7%가 "선교활동이 활발하기 때문에"라고 한국계 교회의 활발한 전도활동이 교회성장으로 이어지고 있다고 생각했다. 즉 인터뷰조사 결과에서도 나타난 바와 같이 양적 성장을 중시하는 한국인의 대담한 선교활동이 교회성장과 직접 관련이 있다는 것을 알 수 있다. 또한 계속해서 "신앙보다는 인간관계로 모임"이 13.2%, "한류와 같은 한국 붐 때문에"가 10.1%, 그리고 "목사의 설교가 뛰어나기 때문에"가 3.1%로 현지 이민자들이 생활의 안정과 정보를 입수하기 위해 교회를 활용한다는 종래 이민교회에 대한 연구결과를 그대로 반영하고 있다.

2) 한일 교회간 교류 및 협력활동 가능성

다음은 한일 교회간 교류 및 협력활동에 대하여 살펴보자. 최근 글로벌시대를 맞이하여 한일 교회간 교류활동도 활발하게 전개되고 있는 것으로 알려져 있는데, 구체적으로 어떤 양상을 보이고 있는지에 대해서는 아직 알려진 연구결과가 없었다. 〈표 6〉은 응답자들에게 "귀하의 교회는 한일교류, 또는 현지단체와의 어떤 교류나 협력활동을 하고 계십니까?"라고 질문한 결과이다.

〈표 6〉 한일교회교류 및 협력활동

구분	빈도	%
문화교류	33	21.4
인권활동	18	11.7
지역과 사회봉사활동	27	17.5
전도활동	41	26.6
기타	35	22.7
합계	154	100

한일 교회간 교류 및 협력활동의 결과를 살펴보면 '전도활동'이 26.6%로 가장 높은 비율을 차지했고 '문화교류'가 21.4%, '지역 사회 봉사활동'이 17.5%, '인권활동'이 11.7%였다. 특히 현지교회와의 교류 활동 중 '전도활동'이 활발하다고 응답한 경우는 1980년대 이후 도일한 뉴커머교회가 강하고 '인권활동'의 경우는 올드커머교회간의 교류협력의 성격이 강한 것으로 해석할 수 있다.

일본인 K목사는 한일교류활동의 가능성에 대하여 "일본 기독교에서 자주 하는 말이 있다. 흔히 대만교회는 찬양하는 교회, 한국교회는 기도하는 교회, 일본교회는 신학하는 교회라고 한다. 행동력이 있는 한국인들이 전도를 하고, 섬세한 일본인들이 케어하고 양육하는 은사가 있다고 생각한다. 일본의 풍토에 맞게 잘 정리된 교육내용이나 전도활동 프로그램이 아직 개발되지 않아 유감이지만 일본인들이 소화할 수 있는 프로그램을 개발한다면 각자의 달란트대로 얼마든지 한국과 일본교회가 동반성장하는 교류협력 활동을 수행할 수 있다고 생각한다." 라고 아주 긍정적으로 생각했다.

3) 향후 일본에서의 선교활동 방향에 관한 전망

향후 한일연합 선교의 가능성에 대하여 살펴보았다. 먼저 응답자들에게 "한국 기독교계가 일본 기독교계와 연합하여 일본선교를 위해 협력하려고 생각하고 있는데 이것에 대하여 어떻게 생각하십니까?"라고 질문하였다.

〈표 7〉 한일연합 선교활동 의향

구분	빈도	%
바람직하지 않다	6	3.9
일본인은 일본인이 전도해야 한다	17	11.0
한국인이 일본인을 전도해야 한다	1	0.6
한국인은 전도방법으로 일본인은 물질적으로 지원해야 한다	17	11.0
바람직한 일이다	114	73.5
합계	155	100

조사결과를 보면 73.5%가 아주 "바람직한 일이다"라고 응답했으며 "일본인은 일본인이 전도해야 한다."가 11%, "한국인은 전도방법으로 일본인은 물질적으로 지원해야 한다."가 11%로 대체로 한일연합선교의 가능성에 대해서는 아주 긍정적인 것으로 나타났다.

그러나 한일연합 선교활동에 대해서는 매우 긍정적인 반응을 보이고 있는 반면 방법적인 측면에서는 한일간 이견이 상당히 존재한다. 여기에 대해 일본인 T목사는 "한국인은 전도방법으로 일본인은 물질적 지원으로 협력해야 한다는 생각은 잘못된 것이다. 일본교회는 경제적으로 풍부하지도 못하고 오히려 목사나 전도자는 아주 가난하게 헌신하고 있는 실정이다. 한국이나 미국에서 TV전도자가 일본 경제력에 의존하여 선교활동을 시도한 적이 있다. 그러나 이러한 것은 대단히 잘못된 생각으로 선교를 빙자하여 경제력을 이용하려는 흑심을 품어서는 안 된다." 라고 잘라 말했다.

한편 후쿠오카에서 사역하는 G목사는 일본에서의 선교방향성에 대하여 "일본교회 스스로가 복음전도에 전념할 수 있도록 그들을 격려하고 어려움을 함께 견디어 나아가는 구체적인 현장 간증이 필요하다.

또한 일본에 부족한 젊은 청년 인재들을 육성하는 것과 동시에 일본문화와 언어 적응력이 뛰어난 한국의 젊은 청년들이 일본교회와 함께 일하면서 살아 있는 간증을 만들어가는 장기적이고 전략적인 계획을 추진할 지도력이 필요하다."라며 '일본인에 의한 일본인 선교'의 중요성과 그들을 돕는 한국인 선교사의 역할을 강조했다.

반면 일본 나가노겐에서 사역하는 S목사의 경우 일본 선교방법에 대하여 "선교에 대한 열정과 영성은 하나님께서 한국인에게 주신 놀라운 선물이며 그것을 활용하는 방안에 있어서 일본인의 감성을 존중하면서도 공생적인 선교협력의 전략이 중요하다. 서로 다른 민족끼리 상호존중하며 서로를 수용하고 겸손하게 섬기며 서로가 가진 것을 베푸는 사랑이 필요하다. 자기 욕심으로 자신의 파견 선교기관의 또 하나의 지부를 일본에 만들려는 '자기 세력 부풀리기' 식의 일본선교는 문화적 특성이 뿌리 깊은 일본의 영적 암흑을 깨뜨리기에는 역부족이다."라고 강조하며 일본사회와 문화 속에 새로운 기독교 문화가 아주 서서히 연착륙해 나아가는 과정이 필요하다고 역설하였다.

〈표 8〉 한일교회 연합이 바람직한 이유

구분항목	예	아니오	합계
한국인의 선교에 대한 정열과 행동력	29(21.5)	106(78.5)	135(100)
일본인의 치밀함	95(70.4)	40(29.6)	135(100)
한국인의 선교 노하우	105(77.8)	30(22.2)	135(100)
일본인의 경제력	113(83.7)	22(16.3)	135(100)

향후 한일연합선교가 바람직한 이유에 대해 알아본 결과 21.5%가 '한국인의 선교에 대한 정열과 행동력'을 꼽아 한국인의 전도활동 및 태도에 신중한 반응을 보였다. 그러나 '한국인의 선교 노하우'가 77.8%, '일본인의 치밀함'이 70.4%로 나타나 향후 한일 선교방향은 한국인의 선교노하우를 일본인에게 전수하고 선교활동시 일본인의 치

밀함을 적용하는 방안과 대책을 수립해야 할 것으로 생각된다. 한국인들의 일본선교 열정과 행동력에 대한 일본인들의 경계와 불신을 상쇄할 수 있는 차원의 방안이 모색되어야 할 것이다.

한국인의 선교 열정에 대하여 일본인 K목사는 "기존의 예배나 기도 드리는 방법, 찬양하는 방법, 노방전도 등은 일본인 신자들에게는 잘 훈련되지 않은 것이어서 프로그램은 좋지만 일본인들이 받아들이기 힘들다. 한국인의 훌륭한 영성, 예배, 기도, 찬양, 노방전도 방법을 일본인도 쉽게 참여할 수 있는 방안으로 모색해야 한다. 특히 일본인들은 성경대로의 삶을 중시하며 보여 주는 퍼포먼스나 프로그램은 그다지 중요하게 생각하지 않는 경향이 있다. 사소한 것이지만 일본인들이 가장 중요시하는 시간 약속을 잘 지키고 다른 사람들에게 피해를 주지 않도록 힘써야 한다. 한국인들이 찬양과 기도하는 것을 보면 다른 사람에 대한 배려가 매우 부족하고 시끄럽다."라고 말했다.

또한 한일연합선교 활동에 대하여 H목사는 구체적으로 "일본 고령화에 따른 노인, 주부, 청소년을 대상으로 하는 상한 심령을 찾아 전도하는 선교전략이 필요하다. 한류 붐에 따른 문화전도를 통해 일본사회 전체 분위기를 일신하여 한국교회의 젊은이들에게 장·단기적으로 일본선교에 헌신할 수 있는 길을 열어 주는 구체적이고 효과적인 협력이 필요하다."라고 강조했다.

4) 선교활동상의 문화적 갈등과 해결점

한국인 선교사들이 일본에서 선교하는 과정에서 발생하는 문화적 갈등과 그 해결 방법은 무엇인지 한국인의 일본선교상 가장 큰 문제점에 대하여 알아보았다.

〈표 9〉 한국인의 일본선교상의 문제점

구분항목	예	아니오	합계
일본인의 예절을 잘 모름	113(78.5)	31(21.5)	144(100)
일본어가 서투름	93(64.6)	51(35.4)	144(100)
일본인의 생각이나 문화를 잘 모름	42(29.2)	102(70.8)	144(100)
일본인과 접촉하는 방법 부족	121(83.4)	24(16.6)	145(100)

　현재 한국인이 선교에 대한 정열이나 행동력과 관련하여 "일본인의 예절을 잘 모름"이라고 응답한 비율이 78.5%, "일본어가 서투름"이 64.6%로 나타났다. 특히 "일본인과의 접촉방법을 잘 모름"라고 응답한 비율이 가장 높았으며 향후 일본 선교활동시 일본인의 감성과 일본문화를 존중하는 철저한 사전교육이 필요할 것으로 생각된다.

　일본인 목사 S씨는 인터뷰에서 "한국인은 일본인들의 성향을 제대로 파악하지 않고 한국식으로 처리하는 것이 문제이다. 일본인은 이성적이기 때문에 아무리 감정에 호소해도 이해가 되지 않으면 현세유익을 구하는 수준 낮은 설교로 여겨버린다. 그러므로 일본교회를 연구하면서 점진적인 변화를 추구해야 한다. 문화를 이해하고 나서 한국의 장점을 적용시킨다면 폭발적인 효과를 얻을 수 있을 것이다. 단기간의 성장을 기대하지 말고 먼저 일본어 공부부터 철저히 하고 왔으면 좋겠다."라고 응답했다.

　또한 일본인 목사 Y씨는 "한국인은 일본인의 기본예절을 잘 모르는 것 같다. 일본인들은 무슨 일이든 서로 충분히 의견을 교환한 후 허락을 받아 일을 시작한다. 그러나 한국인들은 무조건 먼저 일을 저지르고 보는 성향이 강하다. 선교사가 교단에 속해 있는 이상 먼저 교단의 규칙에 따라 행동하는 것이 마땅하다. 한국 기독교는 어디까지나 한국의 기독교이지 세계 어디에서나 통하는 그런 기독교가 아니다. 따라서 일본도 일본풍토에 맞는 기독교가 틀림없이 존재할 것이다."라며 한일선교상 먼저 문화적 이해가 선결되어야 함을 강조했다.

제 5장 _ 한국계 이민교회와 문화적 갈등

이 장에서는 한국계 이민교회의 형태와 함께 한일교회간의 문화적 차이로 인한 각각의 사회구조, 행동양식, 기독교 문화의 차이 등을 알아보고 이를 극복할 수 있는 선교방법에 대하여 여러 부분으로 나누어 자세히 살펴보도록 하자.

제5장. 한국계 이민교회와 문화적 갈등

1. 일본내 한국계 교회의 양상과 선교방안

앞에서 제시한 바와 같이 일본에 존재하는 한국계 교회는 크게 세 가지 유형으로 분류되는데 하나는 올드커머가 중심인 약 100년간의 선교역사를 자랑하는 재일대한기독교회이며, 또 하나는 1965년 한일국교정상화 이후 한국교단에서 파송되어 1980년대 이후 급격히 성장한 뉴커머 중심의 한국계 교회 그리고 일본인 중심인 일본계 교회이다.

해방 전후부터 지금까지 일본계 교회의 전체 기독교인 수가 0.8%로 계속 정체되고 있는데 반하여 현지에서의 한국계 기독교(개신교) 교회는 특히 1980년대 이후로 급성장을 보여왔다. 또한 뉴커머들의 소규모 자영업자의 형성과 더불어 교회 시설에서도 증가하는 모습을 나타내고 있다. 뉴커머간의 접촉이 다양해지는 가운데 유학생들의 주재원으로의 취업이나 일본 혹은 외국계 기업으로의 취업 등을 통하여 양적으로도 급격히 증가하는 양상을 보이고 있다. 즉 뉴커머가 일본에 이주해 옴으로써 교회를 중심으로 모여서 사회적 네트워크를 구축하고 이주자와 가족, 한국계 일본인, 종래 재일한인의 세계를 망라하여 주변 일본인과도 유기적인 네트워크를 만들어 점점 확대시켜 나아가는 것으로 해석된다. 또한 기존에 존재했던 일본 개신교 교회로부터 기독교인들의 이동도 추정해 볼 수 있다.

〈그림 1〉 일본에서 한국계 교회 연구 분석구조도

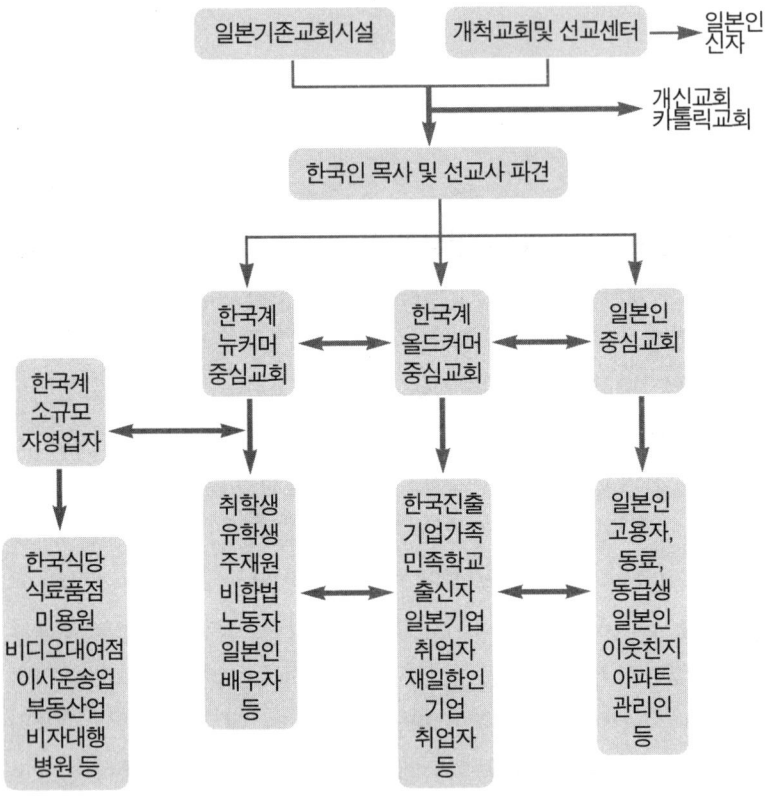

 그러나 같은 지역 주위에 생활하는 일본인과의 거리가 확대되어 가는 반면에 뉴커머나 올드커머가 한국인 중심세계에 매몰되어 버리는 현상도 발생하게 된다. 이러한 이유로 뉴커머나 올드커머 중심교회는 한국인을 중심으로 어느 정도 자연스런 성장의 가능성을 보이지만 일본인 중심교회는 특별한 전략이 없는 한 여전히 정체를 면치 못할 것으로 추측할 수 있다.
 한국계 개신교회의 성장은 한국계 이주자들이 이민사회에서 겪는 불안한 마음의 안정과 생활에 필요한 정보 입수, 인적 네트워크 구축을

찾아 교회로 모여들기 때문이다. 즉 최근 한국계 이주자들이 교회를 중심으로 일상적인 생활의 원조나 상호부조의 사회적 네트워크를 구축하고 있기 때문이다. 따라서 교회성장과 더불어 한국계 이주자들의 생활도 더욱 안정적으로 유지되고 응집시키는 효과를 가져오기도 하겠지만 한편으로 일본인들과의 관계는 제한적일 수밖에 없을 것이다.

일본교회는 분파가 상당히 많은 것으로 알려졌다. 가령 한국은 현재 교회가 약 60,000개 정도이지만 교파는 수백 개이다. 반대로 일본은 교회가 8,000개 정도인데 교파는 300개 이상인 것으로 알려지고 있는데 이것은 정통교파보다는 신흥종교가 많이 생겨났기 때문이다. 현재 일본에 체류하는 한국인 목사나 선교사도 1,300명 정도이지만 일본인을 전도하기 위해 활동하고 있는 경우는 절반에도 미치지 못하고 있는 실정인 것으로 나타났다. 나머지 대부분은 일본에 거주하는 한국인 즉 올드커머(재일한국인)나 뉴커머를 대상으로 전도활동을 하고 있다. 일본인 교회의 한국계 교회와의 협력관계에서도 일본교회는 소극적이며 호의적이지 않다는 결과를 나타내고 있다.

2. 한일 사회구조와 행동양식의 차이

한일간 문화적 차이에 따른 전도방법과 문화적 충돌현상에 대하여 일본에 거주하는 기독교인 15명을 인터뷰하였다. 먼저 대상자의 개인적 특성을 살펴보면 3명이 여성이고 나머지 12명은 남성으로 국적별로는 한국인이 5명이고, 나머지 10명은 일본인이다. 연령별로는 20대가 7명이고 30대가 4명, 40대가 3명, 50대가 1명이고 직업으로는 대학생, 대학원생, 회사원, 선교사 등 다양한 것으로 나타났다.

〈표 1〉 인터뷰 대상자의 개인적 특징

이름	성별	나이	직업
N씨	남성	40대	목사, 선교사
S씨	남성	30대	대학원생
SH씨	여성	50대	가정주부
NA씨	남성	40대	기자
TU씨	남성	20대	대학원생
H씨	남성	20대	대학생
K씨	남성	30대	회사원
YA씨	여성	40대	회사원

이름	성별	나이	직업
KO씨	남성	30대	연주자
K씨	여성	20대	대학원생
OH씨	남성	20대	회사원
HU씨	남성	20대	회사원
YD씨	남성	20대	대학생
HT씨	남성	20대	교사
SG씨	남성	30대	회사원

그러면 인터뷰 내용을 중심으로 한일 선교방법상의 차이에 대하여 분석해 보기로 하자. 한일간의 정서와 문화적 차이에 따른 전도방법상의 차이를 살펴보고 문화적 차이에 대한 논의를 전개할 것이다.

한일간의 사회문화적 특성에 따라 한국인과 일본인의 선교방법이 다르다는 것은 쉽게 짐작할 수 있는데 여기에서는 핵심 내용만을 요약하여 살펴보기로 할 것이다. 먼저 한일간의 전도방법, 사회관계, 교회규모, 집회형태, 행동력, 언어적 표현, 기도방식, 교회중심구성원, 교회생활 등에 차이에 대한 내용을 중심으로 파악해 보자.

〈표 2〉 한일 사회구조와 행동양식에 따른 선교방법 차이

구분	한국인	일본인
전도방법	노방전도 (직접 상대방에 전도하는 방식) 불붙는 속도가 빠름	관계(생활)전도 (인간관계와 신뢰중시의 전도방식) 시간이 걸림
사회생활	약속이나 시간에 대한 개념이 느슨함	약속중시와 시간변경에 대한 상대방 배려
교회규모	규모가 크고 호화로운 대형교회 중심의 자본력 강함	규모가 작고 평범한 소형교회 중심의 경제력 약함
집회형태	대규모 집회 중시 사회적으로 성공한 사람의 강연이나 간증집회	소규모 강연회 중시 사회적 좌절이나 상처를 딛고 일어선 사회적 약자의 강연이나 간증집회

행동력	적극적인 행동력 일본어 능력이 뛰어나고 추진력이 뛰어남	소극적이고 타인에 대한 존중과 배려로 추진력이 약함
언어표현	천국, 지옥, 악마 등 언어적 표현에 의한 종말론적 사상이 강함	역사적으로 기독교나 종교에 대한 피해의식이 강함. 천국, 지옥, 악마 등 언어적 표현이나 태도에 위화감
기도방식	큰 목소리로 소리 내어 구체적으로 표현	조용하게 혼자서 기도하는 편임
중심대상	어학연수, 유학생, 주재원, 재일한인 등 젊은 청년중심의 정보교류의 장	고령자 중심의 무목사교회 증가하고 있음
교회생활	개방적 감정표출에 의한 친근감과 적극적인 봉사와 전도활동 예배이외의 집회에도 적극 참가 공동식사와 따뜻한 인정	폐쇄적 소극적이며 개인의 프라이버시 침해에 대한 저항감 예배 이외의 집회는 거의 불참 인간관계가 건조하고 고독

1) 전도방법

한일간의 전도방식 차이에 대한 인터뷰 결과는 한국인의 경우, 주로 전도에 대하여 불 붙는 속도가 빠르고 전도 대상자들에게 직접 상대하는 노방전도를 선호하고 일본인의 경우는 장시간을 필요로 하는 인간관계와 신뢰중시의 관계(생활)전도를 가장 좋게 생각하는 것으로 나타났다.

어느 한국인 K목사는 일본인을 무리하게 전도하더라도 지속되기 어렵다는 것을 알기 때문에 "도와달라고 하면 도움을 준다."라는 방식으로 연락처도 상대방이 먼저 말할 때까지 기다린다고 했다. 도쿄에서 목회하는 40대 일본인 S씨는 먼저 전도를 하는 사람이나 교회에 대한 신뢰감과 호의를 가지고 있지 않으면 믿으려고 하지 않는 일본인들의 특성 때문에 직접적이고 일방적인 한국식 전도방법이 통하지 않는 어려움에 대하여 토로하였다. "사실 일본인 전도는 상당히 어렵기 때문에 먼저 서로 상호 인간적인 신뢰관계를 형성한 후 전도하는 관계전도가 제일 좋은 방법이다."라고 말했다. 이러한 관계전도의 한 방편으로서 최근 한류 붐을 이용하여 한국어 강좌와 한국요리 교실, 영어 교실을 운영하고 있다고 했다. 그리고 이러한 관계전도와 병행하여 적극적인 노방전도 방법도 동원되어야 하는데 일본교회가 너무 소극적이기 때문에 활력을 잃고 있다는 지적도 있다.

그러나 일본인을 대상으로 하는 관계전도가 상당히 좋은 방법임에는 틀림없지만 전도과정에서의 기만성에 대하여 일본에서 대학원에 다니는 30대 J씨는 "관계전도는 먼저 상대방과 친해지는 것이 중요하기 때문에 복음전도를 목적으로 상대방과 가까워진다는 생각에서 상대방을 속이는 듯한 느낌이 든다." 라고 지적했다. 이러한 이유로 그는 개인적으로 자신이 상대방에게 복음을 직접 전달하는 전도방법을 택하고 있다고 한다.

2) 사회생활

다음은 한국인과 일본인의 시간관념에 대한 문제이다. 인터뷰 결과를 보면 한국인은 대체적으로 일본인보다는 시간이나 약속의 개념이 느슨하다는 점을 지적하였다. 일본인은 사소한 약속이라도 지키는 것을 중요시하며 변경 사항이 있으면 가능한 빨리 성의를 가지고 약속 시간이나 장소 변경에 대해 철저히 알림으로써 상대방에 대한 배려가 각별하다는 것이다.

일본인 40대 남성은 한국인의 느슨한 약속 개념에 대하여 "한국인의 여유와 인정이기도 하지만 잔뜩 기대하게 말해 놓고 나중에 실망하게 하는 성향은 일본에서는 상당히 비난받을 일이다."라고 잘라 말했다. 한국인은 처음에 무엇이든지 큰소리로 "할 수 있다"라고 했다가 나중에 계획이 변경되어 절반밖에 못했다거나 하는 등의 여러가지 변명을 하는 경우가 있어 결국 실망하게 되고 배신당한 느낌이 든다는 것이었다.

일본사회에서는 일본인과의 교류시 약속을 철저히 지키고 어떤 이유로 사전에 변경할 경우 가능한 빨리 조치를 취하고 성의를 가지고 상대방에게 알리는 자세가 일본인 전도의 가장 기본적인 자세라고 강조했다.

3) 교회규모

한일교회의 규모적인 면을 살펴보면 한국교회는 풍부한 경제력을 바탕으로 대규모의 호화로운 대형교회를 선호하는 경향이 있지만 일본교회는 소형교회가 중심이기 때문에 경제력이 약하고 신자 수가 적은 것이 일반적이다. "한국교회는 일반적으로 일본교회보다 규모가 크기 때문에 자금도 풍부하다. 따라서 한 교회에서 웬만한 프로그램은 단독으로 진행이 가능하다. 그러나 일본교회는 규모가 작은 소형교회가 대부분이기 때문에 경제적으로나 여러가지로 어려운 교회들이 많다." 일본교회는 신자 수 10명 전후의 소형교회 중심이다 보니 단독으로 프로그램을 진행하기도 어렵고 항상 교회의 분위기가 어둡게 느껴진다는 것이다. 일본사회 전체 분위기도 개인간의 거리를 두는 경향이 있어 타인에 대하여 무관심한 측면이 없지 않다.

4) 집회형태

교회의 집회형태에 있어서도 한일간의 차이는 크다. 한국교회는 대규모 집회를 통한 전도 방법과 사회적으로 크게 성공한 사람들을 초청하여 개최하는 강연회나 간증집회를 주로 활용한다. 반대로 일본교회는 소그룹의 연구모임이나 공부회 등을 중심으로 사회적인 아픔이나 좌절을 극복하고 일어선 사람들의 기적이나 사회적 약자를 초청한 강연과 간증집회가 중심이 되고 있다.

일본의 어느 크리스천 신문기자는 한일 전도집회의 형태에 대하여 다음과 같이 설명한 적이 있다. "간단히 말하자면 한국에서는 성공한 사람이 강연이나 간증을 하면 많은 사람들이 감명을 받는 풍토가 있다.

그러나 일본은 절대 그렇지 않다. 어떤 사람이 좌절하거나 큰 상처를 딛고 신앙으로 꿋꿋하게 살아가는 사회적 약자들의 강연이나 간증을 듣고 싶어하는 사람들이 많고 설득력을 얻는 풍토가 있다." 이와 같은 일본인들의 성향을 감안하여 어떤 한국인이 일본인들에게 사랑받을 수 있는가를 생각하고 대규모 집회보다는 소규모의 강연회와 같은 전도활동을 하는 것이 가장 효과적인 방법일 수 있을 것이다.

5) 행동력과 추진력

한국인과 일본인의 행동력 차이에 대하여 한국인은 적극적으로 행동하고 일본어 능력도 뛰어나서 추진력이 대단하다는 평가가 많았다. 일본인에 대해서는 소극적이고 타인에 대한 존중과 배려가 많아 행동력이 다소 떨어진다는 견해였다. 한국인의 일본어 능력에 대하여 "한국인은 다른 외국인 크리스천들에게는 없는 강점이 있다. 그것은 일본어 능력이다. 영어권 크리스천들이 영어로 전도활동을 하지만 일본인들에게 제대로 전달하기는 힘들다. 한국인들은 일본어를 잘하는 사람들이 많기 때문에 앞으로도 전도활동에서 크게 활약할 수 있을 것이다." 한국인의 추진력에 대해서도 "아무 것도 없는 곳에서 만들어 내는 한국인의 추진력은 대단하다. 일본인 전도에 크게 쓰임 받을 것이다." 라고 했다.

가령 한국인의 행동력의 예를 들면 "요전에 대규모 선교행사를 개최한 적이 있는데 한국에서 수천 명의 크리스천들이 선교활동을 위해 대거 몰려온 적이 있다. 기업의 회장이나 정부의 장관급 인물들이 모두 자비로 휴가를 얻어 일본에 전도활동을 온 적이 있어 크게 감명 받았다."라고 했다. 이와 같이 어디를 가나 한국인은 적극적이고 실패를 두려워하지 않는 기질 때문에 일본선교에 가장 적합하다는 것이다.

그러나 이러한 한국인의 적극적인 봉사와 전도활동에 대해 일본인 스스로가 자신들은 그렇게까지 할 수 없다는 생각에 자괴감에 빠지거나 혹은 "그렇게까지 할 필요가 있나?"라고 곤란한 표정을 짓는 경우도 있다.

일본인의 실패에 대한 공포감에 대하여 30대 남성의 회사원인 K씨는 "일본사회 전체에 흐르는 분위기는 실패에 대한 공포심이 강하다. 그러니까 어떤 일에 실패했을 경우 잘 다독거려 주는 문화적 환경을 만들어서 일본인들에게 안정감을 주는 것도 한국인 크리스천들에게 대단히 중요하다."라고 했다.

일본인들은 한국인들에 비해 상대방을 강요하거나 권유하는 것에 대하여 상당히 싫어하는 국민성을 가지고 있다. 그렇기 때문에 그 자리에서 곧 바로 "싫어"라고 딱 잘라 말하는 사람은 드물다. 나중에 그 사람이 보이지 않을 때 비로소 그가 싫어했다는 것을 알게 되는 경우가 종종 발생한다. 일본인은 "어릴 적부터 타인에게 피해를 끼쳐서는 안 된다는 가정교육을 받고 자란다. 기본적으로 일본인은 타인의 생활방식을 존중하는 문화이기 때문에 끈질기게 전도하는 것은 역효과를 가져올 수 있다."라고 했다. 그렇다고 해서 한국인들이 적극적으로 강요하는 것이 반드시 전도에 실패하는 것만은 아니다. 일본인 O씨는 "한국인 크리스천은 주일 아침부터 저녁까지 헌신하는 사람들이 많고 신앙에 대한 봉사와 헌신이 대단하다. 한국인의 정열과 적극적인 사고방식에 자극 받아 믿음이 성장한 일본인도 있다."라고 했다. 일본사회에서는 강요하거나 앞장서서 끌고 가는 문화가 아니기 때문에 더욱 희소가치를 발휘하는지도 모른다.

6) 언어표현

언어적 표현에서도 한일간의 표현에 대한 어감의 차이는 확연히 드러난다. 한국교회의 목사는 "좋다", "나쁘다" 등 확실하게 말하는 사람들이 많지만 일본인 목사들은 항상 가정법이나 추측성 발언들이 많아 오해의 소지가 있다. 언어의 사용에 있어서도 한국 기독교인들은 종말론적 사상으로 전도하는 사람이 많고 천국이나 지옥, 악마 등과 같은 언어들이 일상생활에서 종종 사용되고 있다. "구원받지 않으면 지옥에 떨어진다는 사고를 가지고 있다." 그러니까 한국인은 아무리 상대방이 복음을 거부하거나 듣기 싫어하더라도 죽은 후 천국에서 만날 때 감사할 것으로 생각하니까 전도활동을 하는 성향이 있다.

그러나 이 종말사상은 일본사회에서는 거의 통용되지 않는다는 것을 인식할 필요가 있다. 한국인 목사는 일본인 목사보다 리더십이 강하고 '천국'과 '지옥'이라는 과격한 발언들을 자주 사용하는 편이나 일본은 역사적으로 종교에 대한 피해의식이 강하며 특히 기독교 탄압의 역사를 경험하였기 때문에 기독교에 대한 이미지가 별로 좋지 않다. 그리고 우선 천국이나 지옥, 악마와 같은 용어 자체에 상당한 위화감을 가지고 있었다. 따라서 일본인들에게 전도할 때 구원받지 않은 사람은 천국에 못가고 지옥에 떨어진다고 하면 상당히 불쾌하게 생각한다. 일본인들은 한국인의 강요된 은혜를 받아들이지도 않으며 '하나님'이나 '십자가'라는 단어자체를 사용하는 것도 상당히 부담스럽게 생각하며 사회풍토상 기독교를 비롯한 타 종교에 대해 막연한 저항감을 가지고 있다.

일본인 20대 대학원생 T씨는 "일본인은 한국인들이 강하고 공격적인 태도로 전도하는 것에 대하여 상당히 위화감을 느낀다. 아직 기독교에 대하여 무엇인지 확실히 모르는 사람들에게 천국, 지옥, 악마에 대하여 설명해도 역효과를 불러일으킬 것이다."라고 했다. 과거의 일본 사회는 기독교나 타 종교에 대한 알레르기를 가지고 있다. 따라서 전도할 때 "하나님을 믿으십니까? 또는 '천국'과 '지옥'이라는 언어자체를 사용하지 않는 것이 좋다. 일본에서는 그들의 성격상 직접적이거나 일방적인 전도방법은 잘 통하지 않는다. 이러한 일본사회에서 종교나 하나님에 대한 이야기를 계속하게 되면 이상한 사람으로 오해받기 쉽다." 한국인들은 전도할 때 특히 이러한 일본인들의 문화풍토에 주의해야 할 것이다.

7) 기도방식

한일양국간의 기도방식에 대하여 살펴보면 한국인은 자기감정 표출이나 발산이 자연스러워 큰 목소리로 소리 내어 구체적으로 표현하는 기도를 좋아한다. 반면에 일본인은 타인에게 간섭받거나 피해를 주지 않기 위해 혼자서 조용히 기도하는 방법을 선호한다. 일본인 30대 여성 주부는 "한국에서는 큰 소리로 떠들면서 기도하는 것이 보통이지만 일본에서는 이러한 모습에 거부반응이 강하다. 이것은 자기표현을 하지 않는 일본인과 자기표현에 적극적인 한국인과의 가장 큰 차이점이다."라고 했다. 이러한 차이점에 대하여 Y씨는 "일본인만의 기도회, 소그룹활동 등이 너무 조용하기 때문에 일본인들의 각종 활동이나 그룹에 한국인들이 같이 참여하여 활성화되는 경우도 있다."고 했다.

또한 이러한 한일간 기도방식의 차이점에 대하여 20대 대학원생인 T씨는 한 마디로 정적인 일본인과 동적인 한국인으로 표현 가능한데 "한국 기독교인들은 예배 중에 큰 소리로 우는 사람이 있는가 하면 찬양하면서 춤을 추거나 율동을 하거나 하는 일본교회에서는 좀처럼 볼 수 없는 광경에 매우 놀랐다."라고 했다.

일본인들의 기도방식은 한국인들에 비해 "마음속에 있는 것을 표현하지 않으며 서로 기도제목을 나눌 때에도 다른 사람이 어느 정도 자기 고민을 솔직하게 고백하고 있는지를 확인하고 나서 거기에 맞추어 기도한다." 교회 내에서도 적극적으로 자기표현을 하지 않기 때문에 교회 분위기가 썰렁하고 어두운 느낌이 든다. 또한 일본교회에서는 신자가 오면 "와 주셔서 감사합니다."라고 말하며 신자가 교회에 오는 것을 당연하다고 생각하는 경향은 적다. 하지만 한국교회는 처음 온 사람일지라도 가볍게 이야기를 하거나 서로 흥미를 가지고 대하는 것이 보통이기 때문에 마음이 편하고 밝은 느낌이 들며 신자가 교회에 와도 "당신이 은혜를 받기 위하여 교회에 오는 것은 당연하다."라는 점을 강조한다.

8) 교회중심 대상

한국계 교회와 일본계 교회는 모여드는 대상도 상당히 다르게 나타나고 있다. 한국계 올드커머인 재일대한기독교회는 재일 1세~재일 3세들 중심으로 모이는 교회이다. 한국계 올드커머교회의 중심은 오랫동안 일본에서는 차별의 대상이었고 한국에서는 경계의 대상으로 여겨졌던 고령자들이 대부분이지만, 현재는 젊은 뉴커머들이 합세하여 새로운 활력을 불어넣어 활성화되는 교회도 있다. 올드커머교회에 뉴커머들이 유입되는 현상은 극히 자연스럽게 이루어져 긍정적인 측면도 있지만 반대로 기존질서의 파괴라는 부정적인 측면도 있다.

한국계 뉴커머교회는 1980년대 전후 도일한 어학연수, 유학생, 주재원 등 젊은 청년들이 대거 몰려들어 정보교류의 장으로서 역할을 담당하고 있다. 일본인 20대 남성에 의하면 "한국계 교회에 오는 한국인은 젊은 청년들이 많다. 어학연수나 유학, 주재원으로 체류하는 이들은 일본 현지에서 외로움을 느끼기 때문에, 같은 한국인들과의 교류, 생활정보의 입수라는 측면에서 교회를 방문하는 이들이 많다."고 한다. 또한 A교회에 다니는 40대 회사원인 B씨는 "한국인들은 업무상의 인맥을 만들기 위해 교회에 오는 경우가 있다. 일본에서는 이러한 사람들은 극히 일부에 지나지 않는다. 일상적인 업무와 교회생활이 엄격히 구분되어 있다."라고 했다. 한국계 교회의 경우, 신자들의 교회회원 등록제도가 느슨하기 때문에 자주 이동하는 성향이 있어 사기범죄나 나쁜 목적을 가지고 교회에 접근하는 경우도 더러 발생하고 있다. 그러나 한편으로는 최근 '한류' 붐을 타고 행동력과 추진력이 뛰어난 젊은이를 중심으로 자비로 대규모 이벤트를 개최하는 등 글로벌 시대에 발 빠른 움직임을 보이고 있기도 하다.

일본계 교회는 고령자 중심의 무목사교회가 증가하고 있다. 특히 일본지방교회는 신자 수가 10명 전후의 교회가 많고 그것도 고령화가 급속히 진행되고 있는 상황이어서 향후 교회의 존폐에 심각한 영향을 미칠 것으로 생각된다.

한일교회의 성별역할에 대한 차이점을 살펴보면 한국계 교회에서는 전체적으로 남성 장로 위주의 가부장적인 분위기가 강하나 일본계 교회에서는 여성 리더들이 꽤 많이 활동하고 있는 것으로 나타났다.

9) 교회생활

다음은 한일간 교회생활의 차이점에 대하여 살펴보도록 하자. 한국계 교회의 특징은 개방적이고 상호 감정표출에 의한 친근감의 표시와 예배 이외에도 적극적인 봉사 및 전도활동, 예배 후 공동식사 등 따뜻한 정을 느낄 수 있다는 답변이 많았다. 일본인 20대 T씨는 "한국인들은 일본크리스천에 비해 교회에서 생활하는 시간이 길고 많은 활동을 한다. 평일에는 성서연구회, 기도회, 토요일의 예배준비와 친목회 등 이루 말할 수 없이 바쁘다." 또한 교회에서 주최하는 예배 이외에 각종 모임이나 단체여행에도 적극 참여하는 경향이 있다. 특히 인상적인 것은 교회에서 함께 식사하는 광경이다. "대개 한국교회에서는 예배가 끝나면 모두 함께 식사를 같이 하는 것이 보통이다." 일본인들 가운데 신경질적인 사람들은 매운 음식이나 김치냄새를 싫어하는 사람도 있지만 함께 식사하는 모습이 일본교회에서는 보기 드물고 대단히 인상적인 일이라고 했다.

반대로 일본계 교회는 "일본인들은 전체적으로 교회에서 하루 종일 봉사하는 기독교인을 찾아보기 힘들다. 보통 예배 후 식사가 끝나면 모두 귀가하고 평일모임에도 참석하는 일본인들은 극히 드물다." 상호 폐쇄적이고 소극적이며 개인의 프라이버시를 존중하는 문화로서 예배 이외의 집회에 거의 참석하지 않기 때문에 인간관계가 무미건조한 느낌이 든다. 일본인의 장점으로서 한국인 50대 여성인 S씨의 경우 "일본인들은 아주 섬세하다. 교회에서도 당번을 정하여 교회 비품이나 용구의 정리정돈과 주변정리, 개인간의 사소한 약속도 철저히 지킨다. 그러나 인간관계에서 타인을 배제하는 좋지 않은 습성은 개선시켜 나가야 한다."라고 했다.

3. 한일기독교의 문화적 갈등

한일 문화적 차이에 관해서는 아래의 〈표 3〉에 나타난 바와 같이 인터뷰 대상자에 따라 목사이미지, 교회이미지, 크리스천 이미지, 세례의식, 리더십의 차이, 교회회원 등록관리, 종교심 등에 대하여 차례대로 살펴보기로 하자.

1) 목사의 권위

먼저 목사의 이미지에 대하여 살펴보면 한국교회는 존경의 대상, 권위주의, 청부 등에 가까웠지만 일본인들은 평등, 민주주의, 청빈사상 등을 강조하였다. 특히 한일간 극단적인 차이를 보이는 것은 일본의 청빈사상과 한국의 청부사상이다. 이것에 대하여 좀더 구체적으로 설명하면 일본의 청빈사상이란 신자들이 "목사는 가난해야 한다."는 생각이다. 이와는 반대로 한국에서는 목사가 생활이 곤란하면 안 된다는 생각에 교인들이 적극적으로 돌본다. 이러한 한일 목사들의 이미지 차이에 대한 인터뷰에서 30대 대학원에 다니는 S씨는 "한국에서는 목사들이 존경의 대상이다. 반드시 목사에게 경칭을 사용한다. 옛날부터 한국에서는 닭이 계란을 낳으면 목사에게 먼저 드린다."라고 말할 정도로 공동체에서 가장 좋은 것을 목사에게 드리는 습관이 있었다.

그런데 유학생 K씨는 "일본인 교회에서 예배 후 식사시간에 그 교회의 담임목사도 줄을 서서 교인들과 똑같이 돈을 내고 식사를 하는 광경을 보고 문화적 충격을 받은 일이 있다."고 했다.

이러한 목사에 대한, 물질에 대한 사고방식이나 존경의 대상이라는 한일 문화적 차이 때문에 도일한 한국 목사들이 상당히 큰 문화적 충격을 받는 경우가 더러 있다. 그러나 한편으로는 "한국인 목사들은 목사들이 말하는 것을 교회 구성원들이 모두 들어 주어야 한다는 권위주의적 성향도 강하다."라고 했다.

〈표 3〉 한일교회의 문화적 차이

문화적 차이	한국교회	일본교회
목사이미지	존경의 대상 권위주의 청부	평등의 대상 민주주의 청빈(검소)
교회이미지	밝은 이미지	어두운 이미지
크리스천 이미지	감정적 대체적으로 원만하고 친근한 이미지	이성적 통일교나 JMS 등에 관한 이미지로 편견이나 저항감
세례의식	개인주의적 성향 새로운 시작으로 생각	가족의 동의 요구 목적지에 도달했다고 생각
리더십의 차이	목사의 카리스마가 강함	카리스마가 약함
교회회원등록	교회구성원의 이동과 등록제도 완화	구성원의 이동과 등록 철저히 관리
종교심	유교적 조상숭배 (25%가 크리스천)	신토의 초자연적인 존재로서 신에 대한 의식이나 종교심이 강함

2) 교회이미지

일본교회와 한국교회의 가장 큰 차이는 교회건물 자체와 교회 내 분위기면에서 확연히 드러난다. 일본인의 교회 건물은 신자 수가 소수이기 때문에 건물자체가 없는 경우가 많고 있다 하더라도 아주 소박한 경우가 많다. 그러나 한국교회는 일단 독립적인 건물자체가 존재하고 보기에도 호화스럽다. 분위기상으로도 한국교회는 활기가 넘치며 일본교회는 차분하고 냉정한 느낌이 든다. 이러한 분위기 때문에 일본교회는 분위기가 경직되고 어두운 이미지이며 새로운 신자들이 교회에 적응하기에 상당히 어려운 구조를 가지고 있다. 일본사회 전체적으로도 개인간에 일정한 거리를 두는 경향이 있기 때문에 타인에 무관심하거나 인간관계가 여유롭지 못하다. 반면 한국교회는 새로운 사람들에게도 과감하게 이야기를 걸거나 흥미를 유발하는 것이 보통이기 때문에 분위기가 화기애애하고 상당히 밝은 이미지를 가지고 있다.

이외에도 일본인들의 한국계 교회에 대한 이미지는 한국인들이 자기주장이 강하고 무례하며 교인들간의 충분한 합의과정을 거치지 않기 때문에 신뢰할 수 없다는 의견이 많았다. 한국인 K씨는 자신이 속해 있는 교회에서 일본인들의 신뢰를 얻을 수 있었던 배경에 대하여 다음과 같이 이야기했다. "한국계 교회 대부분은 일본에서도 한국방식을 벗어나지 못하고 있다. 일본인의 신뢰를 얻기 위해서는 일본문화를 인정하고 일본사회의 근저에 깔려 있는 것을 이해해야 하며 일본인들을 뒤에서 지원하는 형태가 가장 바람직하다."라고 했다. 따라서 일본인들에게 한국계 교회의 기존 이미지를 전환하기 위해서는 '예수 그리스도의 종', '일본의 종', '자기자신의 사고나 욕심배제' 라는 새로운 각오로 대하는 것이 절실히 필요하다.

반대로 교회 내에서 일본인들은 실제적인 행동을 하지 않으면서 앞장서서 일하는 사람들을 비난하는 나쁜 버릇이 있다. 한국인의 강제적인 전도방법에 대하여 일본인들이 부정적으로 생각하기에 앞서 함께 지혜를 모으고 한국인들도 일본인들 대신 전도하겠다는 교만한 생각보다는 겸손하게 협력하는 자세가 먼저 필요하다. 또한 처음 교회를 방문하는 신자의 대응에 있어서도 한국인들은 상대방의 연령이나 결혼 여부 등 사생활에 관한 정보를 캐묻는 습관이 있어 종종 트러블이 발생하는 경우가 있다. 이때에 일본인 크리스천이 한국인의 습성이나 문화를 설명해 준다든지 상호 협력해 주면 상대방과의 딱딱한 분위기에서 상당히 부드럽게 넘어갈 수 있을 것이다.

3) 크리스천 이미지

흔히 크리스천의 이미지에 대하여 한국인은 감정적이고 일본인은 이성적이라는 분석이 있다. 최근 한국에서는 기독교 쇠퇴에 대한 반성이 이루어지고 있지만 크리스천 인구가 많기 때문에 일상생활에서도 아주 친근한 이미지이다. 일본에서는 기독교가 이론적으로 무엇인가를 설명하고자 하는 이성적인 이미지를 가지고 있었지만 지금도 과연 그러한지, 일본인은 한국인 크리스천을 어떻게 보고 있는지 그리고 일본인들이 일반적으로 생각하는 크리스천 이미지는 어떤 것인지 살펴보도록 하자.

먼저 한국인에 대한 일본인들의 이미지는 한류로 인한 호의적인 이미지와 '혐한'이라는 부정적인 이미지를 가지고 있는 부류로 나눌 수 있다. 한국에 혐한감정을 가진 일본인의 경우 한일역사교과서의 왜곡 기술과 일본식민지의 국가, 독도의 영유권, 근대화가 정체된 나라 등 상당히 편견을 가지고 있는 경우가 대부분이다. 거기에다 자기주장과 개성이 강한 한국인들과 접촉하면서 상처를 받아 멀어지는 경우도 있다. 한국인들에 대한 친밀감과 호의감을 가지고 있는 경우도 있지만 반대로 혐한감정을 가지고 있는 일본인도 상당수 존재한다.

이러한 한국인에 대한 이미지는 크리스천에 대한 일본인들의 이미지와도 연결된다. 일본에서는 크리스천 인구가 0.8%에 불과하기 때문에 교회에 가는 사람들에 대한 생각이 "보통사람과 다른 특이한 사람"으로 인식되고 있다. 따라서 일본에서 종교나 신의 존재에 대한 이야기를 하게 되면 이상한 사람으로 취급받기 쉽다. 거기에다 일본 매스컴이나 신문, 잡지 등이 한국의 JMS나 통일교에 관한 부정적인 이미지를 끊임없이 보도해 왔기 때문에 일반 기독교까지 부정적인 영향을 미치고 있다. 일본에서는 소수의 크리스천 인구에다 특정종교와 별도 구별이 안 되는 경향이 있어 크리스천이라는 이유만으로도 충분히 반감을 가질 수 있다는 점을 염두해 둘 필요가 있을 것이다.

일본에서 크리스천 이미지 전파에 관한 가장 좋은 예를 들면 '당신은 사랑받기 위해 태어난 사람'이라는 CD가 일본에서 크게 히트 친 것을 들 수 있다. 이 CD는 기독교 관계의 노래임에도 불구하고 일본에서 CD 24만 장이 팔렸는데 그 이유는 노래가사에 기독교를 연상시킬 만한 단어가 일체 들어가지 않았기 때문에 일본 크리스천들이 전도용으로 친구들에게 배포하기 위하여 구매했을 가능성이 매우 높은 것으로 추정할 수 있다.

4) 세례의식 차이

세례의식은 기독교에서 중요한 의식 중의 하나인데 한일간의 이해가 약간 다른 측면이 있는 것 같다. 세례란 간단히 말하면, 자기자신 가운데 성령을 받아들이고 인정하는 것, 즉 "함께 사는 것"이며 따라서 세례를 받는 것을 결혼식에 비유하기도 한다. 그런데 이러한 세례를 받은 후 일본인들은 교회로부터 멀어지는 경우가 있는데 이것은 세례가 "자신의 최종 목적지"에 도착했다고 생각하기 때문이다. 한국인은 세례를 받음으로써 신앙생활의 새로운 시작으로 생각하여 교회활동이나 각종 봉사활동에 적극 개입하여 변화된 삶을 살고자 노력하는 것과는 정반대이다.

또한 한일간 세례의식 자체에 대한 차이도 일본인들은 어느 정도 가족동의를 구하는 반면 한국인은 신앙에 관하여 전적으로 개인주의적 성향이 강하다. 한국에서 세례를 받는 것은 개인적인 일이며 자기자신이 기독교가 좋다고 생각하면 타인이나 가족의 의사와는 관계없이 받을 수 있다고 생각한다.

5) 리더십의 차이

흔히 일본에서 한국인 목사는 카리스마가 강하고 일본인 목사는 카리스마가 약하다고 한다. 한국인 목사는 교회에서 적극적인 리더십을 발휘하고 신자들도 거기에 순종하는 편이다. 물론 거기에 따른 여러 가지 부작용도 있지만 한국인 크리스천들은 목사, 또는 성경말씀을 그대로 받아들이고 행동으로 실천한다. 즉 신자들에게 명령하면 "가라면 가고, 오라면 오는" 그런 순종의 자세가 한국인 크리스천에게는 있다.

한일 목사의 리더십 차이에 대하여 일본인 Y씨는 "일반적으로 한국인 목사는 일본인 목사보다 리더십이 강하고 사용하는 언어도 일본인 측에서 보면 과격하다. 가령 설교에서 천국과 지옥이라는 단어의 사용도 일본인들에게는 협박처럼 들리는 경우가 있다. 이러한 한국인 목사의 리더십은 나쁜 방향으로 흐르면 독재적으로 변하기 쉽고 통제가 불가능하게 된다. 목사절대의 세계는 매우 위험한 것이다."라고 지적했다.

반면 일본교회는 너무 조용하고 차분하다. 부모 앞에 서 있는 천진난만한 어린이처럼 즐겁고 재미있게 교회생활을 하기가 상당히 어렵다. 일본에서는 흔히 "예배를 지킨다."라는 말을 자주 사용하는데 한국에서는 "예배를 드린다."라는 말이 정확하다. 일본인들의 이러한 말뜻을 해석해 보면 예배에 반드시 참석해야 한다는 것보다 "이번에도 예배에 참석할 수 있어서 좋았다."라는 의미가 강하다. 즉 목사가 늘 신자들의 입장에 신경쓰다 보니 리더십을 발휘하기가 쉽지 않다.

6) 교회회원 등록 차이

한국에서는 교회의 회원 등록과 이동이 자유롭지만, 일본에서는 교회구성원의 이동과 등록을 철저히 관리하는 면에서 상당한 차이가 있다. 일본에서는 어느 신자가 이동할 경우 이전 교회의 목사로부터 이동해도 좋다는 허가서를 받아 제출하도록 되어 있다. 한국교회는 신자들의 이동이 상대적으로 자유롭기 때문에 사람들의 이동이 빈번히 발생하게 되고 교회등록 후 바로 이동하는 사태까지 발생한다.

특히 1980년대 이후 도일한 한국인 크리스천들이 증가하면서 이러한 사람들의 이동이 빈번하면서 그 중에는 나쁜 목적을 가지고 교회에 접근하거나 교인들을 상대로 사기를 치는 경우도 발생하고 있다. 이와 같은 방식으로 한국인 크리스천들이 신뢰를 잃어서는 안 되며 각 개인이나 교회가 경각심을 가지고 대처할 필요가 있다.

7) 일본인의 종교심

일본인들은 일본 신토의 종교관인 초자연적인 존재로서 신에 대한 의식이나 종교심이 강하다고 한다. 일본인 남성 20대의 T씨에 의하면 "일본인은 종교란, 개인적인 내면의 문제로서 한국인처럼 가볍게 이야기할 정도의 대상이 아니다. 어디까지나 개인적인 문제로서 사람들과 이야기하거나 강요하거나 하는 것에 대하여 상당히 저항감을 가지고 있다."라고 했다. 이러한 일본인의 종교적 특성을 잘 이해할 필요가 있는데 일본 크리스천 인구가 0.8%에도 못 미치는 소수이지만 기독교 교육기관, 작가 미우라아야코, 화가 호시노토미히로 등의 유명한 크리스천이 존재한다는 사실을 기억할 필요가 있다. 일본에는 크리스천 인구가 적은 반면 한번 믿으면 철저히 신앙을 끝까지 지키는 인상이 강하다. "일본인은 종교심이 없다거나 하나님을 의식하지 않고 사람들의 얼굴만 쳐다보고 있다"는 지적에 대해서도 일본인들이 자기의 종교심이나 신앙을 드러내기 싫어하고 타인에 대한 배려나 거기에 따른 두려움 때문이라는 의식이 강하다.

바꾸어 말하면, 원래 일본인들은 8백만 신이라는 범신론적인 성격이 강해 "자연계 모든 것에 신이 존재한다. 나쁜 짓을 하면 벌을 받는다."라고 생각하기 때문에 초자연적인 존재를 믿는 종교심이 강하다고 볼 수 있다. 여기에서 일본인들이 말하는 신은 기독교의 하나님이 아닌 또 다른 자연계의 신을 지칭하고 있지만 "일본인은 일본인 나름의 종교심이나 신에 대한 의식이 강하다."라는 것을 염두해 둘 필요가 있을 것이다.

제6장_ 한국계 이민 교회의 선교활동과 문화적 적응

이 장에서는 일본 내의 이민교회 적응과정에 대하여 한국계 교회, 일본계 교회, 일본 현지 선교사·목사 등 각각의 입장으로 분류하여 구체적으로 제시하고자 한다. 이를 바탕으로 보다 효과적인 향후 문화적 적응 전략을 도출할 수 있을 것이다.

제6장. 한국계 이민교회의 선교활동과 문화적 적응

1. 문화적 적응에 대한 이론적 검토

이민자들의 신앙에 대하여 언급한 윌리암즈(Williams, 1988)의 연구는 이민자들이 출신국보다는 이민현지에서 신앙심이나 종교적 생활의 실천 등 신앙적인 면에서 뛰어나다고 주장하였다.[138] 한국에서의 크리스천 비율은 30% 정도이지만 미국 이민사회에서는 대부분의 한국인이 한국계 교회에 소속되어 있다는 결과도 있다(Hurh and Kim, 1990). 이민교회 대부분의 크리스천들은 매주 일요일 예배에 참여하고 오랜 시간 동안 교회에서 봉사하며 헌금을 한다. 한마디로 이민교회 크리스천들은 교회활동 전반에 매우 열심히 참여하고 있다고 할 수 있다. 한국계 이민자들만큼 많은 수가 교회에 물심양면으로 참여하고 있는 민족은 찾아보기 힘들 것이다. 그러면 왜 한국계 이민자들 가운데 이러한 크리스천들이 유난히 많은가? 한국에서 대개의 크리스천들은 도시의 중간층에 집중되고 있다. 따라서 미국 이민자들이 도시의 중간층 출신자들이 많았기 때문에 이들이 이주하기 전부터 크리스천들이었다는 점은 쉽게 짐작할 수 있다. 1965년 이후 80년대에 걸쳐 미국에 이민한 한국인들은 이민교회를 조직화하기 시작했다.

글로벌화 과정에서 생겨난 이러한 현상은 비단 미국뿐만이 아니라 일본에서도 80년대 이후 뉴커머가 중심이 되어 기독교의 조직화와 성

---

138) Williams, Raymond Brad. 1988. *Religions of Immigrants from India and Pakistan*. New York : Cambridge University Press.

장에 상당한 영향을 미쳤다. 일본현지 교파나 지역교회의 지원을 받으면서 한국에는 크리스천이 아니었던 사람들이 이민교회로 모여들기 시작하였다. 윌리암스(Williams, 1988)가 주장하는 바와 같이 이러한 현상을 설명하는 것들은 이민경험이라는 그 자체가 종교적인 측면을 가지고 있으며 이민자들의 신앙심이 깊어짐에 따라 개신교의 성장에 큰 영향을 끼쳤다. 또한 일본에 진출한 뉴커머들은 올드커머들과 같은 민단이나 총련 등의 조직이 없었기에 이민교회가 뉴커머들의 다양한 수요에 대응할 수 있는 유일한 조직이 되었다. 이러한 이유로 1980년대 이후 한국계 교회가 급속히 증가되었고 도쿄에 설립된 교회 가운데에는 최근 신자 수가 3,000명을 초과한 규모로 성장한 곳도 있다. 이들 한국계 교회는 장로교회가 대부분을 차지하고 있다. 여기에서는 일본 이민교회의 적응과정에 대하여 한국계 교회, 일본계 교회, 일본 현지 선교사·목사 등 각각의 입장으로 분류하여 제시하고자 한다.

먼저 일본현지 이민교회의 구성원(특히 목사나 선교사)들이 교회에 다니게 된 직접적인 동기, 교파나 신분, 교회 참가와 종교적 지향 등에 대하여 살펴보기로 한다. 특히 이러한 실증적인 문제를 다루기 위하여 선교의 중심리더 역할에서 검토하고자 한다. 중심리더인 목사나 선교사의 경우 이민초기 현지에서 적응하기 위하여 조직 내의 권력행사는 물론 조직의 규범을 위하여 상당한 투자를 동반하며 거기에 순종하는 자세를 견지할 것으로 예상된다. 따라서 이민교회의 중심리더인 선교사나 목사들은 교회의 다른 구성원들에 비해 더욱 많은 시간과 정열을 들여 교회에 헌신할 것이며 교회의 규범이나 기대에 충실하면서도 상당히 보수적일 것으로 예상된다.

이러한 이민교회의 특징을 바탕으로 이민교회의 적응과정을 살펴봄으로써 향후 적응전략을 도출할 수 있을 것으로 기대한다. 미국의 이민연구에 의하면 이민자는 미국인과 비교하여 사회생활의 영역과 범위가 상당히 제한되어 있다고 보고하고 있다(Hurh and Kim, 1990).[139]

다른 연구에 의하면 미국이민자들은 한인교회에서 그들의 이민생활에 필요한 종교적, 혹은 비종교적 욕구를 채우려는 결과도 있다(Kim and Kim, 2001).[140]

이 연구의 자료는 2009년 1월부터 동년 4월까지 재일한국인교회대상으로 처음 조사를 실시하여 총 178명으로부터 응답을 받았다. 설문조사표는 50문항 이상의 질문항목으로 구성되었으며 응답자의 개인적인 특성, 교리나 신학상의 구분, 소속교회와의 관계, 한일교회의 특징 등에 대하여 상세히 질문하였다.

그러면 이민교회의 구성원들이 처음 교회를 다니게 된 배경에 대하여 살펴보자.

〈표 1〉 교회를 다니게 된 동기

구분	빈도	%
한국에서 소개	13	8.0
일본에서 소개	57	35.0
직업과 관련	11	6.7
광고	1	0.6
직접방문	21	12.9
전도에 의해	25	15.3
기타(모태신앙)	35	21.5
합계	163	100

---

139) Hurh, Won Moo, and Kwang Chung Kim(1990) "Religious participation of Korean immigrants in the United States." *Journal for the Scientific Study of Religion* 2229 : 19~34.
140) Kim, Kwang Chung, and Shin Kim(2001) "The Ethnic roles of Korean immigrant churches in the USA." *In Korean Americans and Their Religions : Pilgrims and Missionaries from a Different Shore*, edited by Ho-Youn Kwon Kwang Chung Kim and R. Stephen Warner. University Park, PA: Pennsylvania State University Press.

〈표 1〉에 나타난 바와 같이 이민교회를 다니게 된 동기에 대하여 '일본현지에서 소개'가 35%로 가장 높았고 '기타(모태신앙)'이라는 응답이 21.5%, '전도에 의해서' 15.3%, '직접 방문'이 12.9% 등의 순서였다. 즉 일본현지의 소개가 가장 높은 비율을 차지하고 있는데 그 결과 이민생활에서 사회적 네트워크의 중요성을 어느 정도 파악할 수 있다. 또한 한국에서의 소개가 8%를 차지하고 있는 것은 한국에서 파견된 교단교회나 한국에 귀국한 크리스천들이 추천한 교회가 대부분이다. 특히 교회를 다니게 된 배경 가운데 기타(모태신앙)라는 응답비율이 상당히 높게 나타났는데 그 이유는 조사대상자에 일본현지의 선교사나 목회자가 많이 포함되어 있기 때문이며, 또한 일본 기독교단 소속의 크리스천들이 많아 특히 일본 크리스천의 가정 내의 세대간 신앙세습이 비교적 잘 유지되고 있는 것으로 파악된다.

다음은 조사대상자들이 현지에서 참가하고 있는 교회의 특징에 대하여 살펴보도록 하자.

〈표 2〉 응답자의 교파 및 신분

조사항목		빈도(%)	조사항목		빈도(%)
창립기간	2년 미만	4(2.3)	소속교파	일본 기독교단	75(43.6)
	2년~5년	7(4.0)		장로개혁파	53(30.8)
	6년~10년	5(2.9)		침례교파	10(5.8)
	10년 이상	159(90.9)		감리교파	4(2.3)
	합계	175(100)		오순절교파	3(1.7)
담임목사 국적	올드커머	13(7.5)		기타	27(15.7)
	뉴커머	40(22.9)		합계	172(100)
	일본인	109(62.6)	교회신분	평신도	97(58.4)
	기타	12(6.8)		집사	32(19.2)
	합계	174(100)		장로	7(4.2)
				기타(선교사)	30(18.1)
				합계	166(100)

현재 다니고 있는 교회 설립 이후 경과된 연도를 질문한 결과 '10년 이상'이 90.9%로 가장 높았는데, 이것으로 80년대 후반에 설립된 교회들이 대부분인 것을 알 수 있다. 응답자의 소속 교파와 그 분포를 보면 '일본 기독교단'이 43.6%, '장로개혁'이 30.8%를 차지하고 있어 일본 기독교단을 제외하면 대부분이 한국과 비슷한 양상을 보이고 있어 한국에서도 압도적인 비율을 차지하는 장로교파가 우위를 점하고 있다. 담임목사의 국적에 대해서는 '일본인'이 62.6%, 뉴커머가 23.0%로 일본인 국적을 제외하면 80년대에 도일하기 시작한 뉴커머들이 대부분을 차지하고 있다고 볼 수 있다. 응답자들의 신분에서는 '평신도'라고 응답한 비율이 58.4%, '집사'가 19.3%, '기타(선교사)'가 18.1%, 그리고 '장로'가 4.2%였다.

따라서 응답자의 특징을 종합해 보면 80년대 이후 설립된 교회에 속해 있으며 일복기독교단이나 장로교파이며 담임목사의 국적은 일본이나 뉴커머 한국인이 대부분이고 응답자의 절반 이상이 교회에서의 신분을 평신도라고 응답했지만 기타(목사나 선교사)가 18.1%을 차지한다.

2. 이민교회의 활동과 참여도

전술한 바와 같이 이민교회의 성격은 이민생활에 필요한 종교적, 혹은 비종교적인 욕구를 해소하려는 경향이 있다. 이와 관련하여 여기에서는 먼저 조사대상자의 이민교회 참여 정도에 대하여 어느 정도 적극적으로 활동하고 있는지에 대한 지표로서 재직(소속)기간, 주일예배 참가빈도, 교회주최 교육 및 봉사활동, 정기헌금 등 4가지를 중심으로 살펴보고자 한다.

〈표 3〉 교회참가와 종교적 지향

조사항목		빈도(%)	조사항목		빈도(%)
재직(소속) 기간	10년 이내	78(46.7)	봉사시간 (주단위)	1시간 이내	31(23.8)
	10년~20년	31(18.6)		2시간~5시간	60(46.1)
	20년~30년	28(16.8)		6시간~10시간	24(18.5)
	30년~40년	8(4.8)		10시간 이상	15(8.8)
	40년~50년	8(4.8)		합계	130(100)
	50년~60년	12(7.2)	정기헌금	1,000엔 미만	13(8.9)
	60년 이상	2(1.2)		1,000엔~10,000엔	54(37.2)
	합계	167(100)		10,000엔~20,000엔	20(13.8)
주일예배 참가빈도 (월단위)	4회 이내	130(77.4)		21,000엔~50,000엔	18(12.4)
	5회~8회	32(19.0)		51,000엔~100,000엔	15(10.3)
	8회 이상	6(3.6)		100,000엔 이상	25(17.2)
	합계	168(100)		합계	145(100)
연수입	100만엔 이하	72(42.6)	주일예배 참가빈도 (주단위)	1회 이내	142(84.5)
	200만엔~300만엔	40(23.7)		2회~4회	22(13.1)
	300만엔~400만엔	24(14.2)		5회 이상	5(2.9)
	400만엔~500만엔	10(5.9)		합계	168(100)
	500만엔 이상	23(13.6)			
	합계	169(100)			

현재 교회의 소속기간을 살펴보면 '10년 미만'이 46.7%로 가장 높았고 '10년~20년'이 18.6%, '20년~30년'이 16.8%로 대부분 약 80% 이상의 응답자가 교회소속 기간이 30년 미만이었다. 이러한 현상은 한국 이민교회 크리스천들의 소속기간이 비교적 짧다는 것을 의미하고 일본교회보다는 상대적으로 불안정한 패턴을 유지하고 있다는 것을 의미한다. 인터뷰조사에서도 한국교회에 출석하는 어느 일본인은 한국 이민교회 크리스천들의 행동패턴에 대하여 일본계 교회보다 이동이 자유로운 것에 대해 지적했다. 인터뷰에서 Y씨는 '한국계 교회는 사람들의 이동이 상당히 잦다. 교회회원등록 제도도 아주 느슨하고 한국인은 등록하고 나서도 바로 다른 교회로 이동하는 경우가 빈번히 발생하고 있다.'라고 했다.

다음은 응답자의 월별 주일예배 참가빈도에 대하여 살펴본 결과 약 77%가 매주 주일에 교회예배에 참여하고 있다고 응답했다. 주단위 예배참가빈도에 대해서도 일주일에 한 번은 반드시 예배에 참석하고 있다는 비율이 약 84%이었다. 따라서 주일예배 참가에 대해서 한국계 이민교회의 크리스천들은 매우 성실하며 주일예배도 잘 지키고 있다는 것을 알 수 있다.

기타 주일예배 참가 이외에도 응답자의 약 11%가 일주일에 10시간 이상 교회의 봉사활동에 참여하고 있는 것으로 나타났다. 따라서 한국계 이민교회는 예배 참가율과 마찬가지로 소속교회에서의 활동시간도 상당히 많다는 것을 짐작할 수 있다. 이러한 현상은 한국계 교회가 크리스천들에게 교회예배 참가와 교회에서 주최하는 각종교육 및 선교활동을 크리스천이 최소한 지켜야 할 기본덕목으로 강조하고 있기 때문이기도 하다. 조사대상자들이 교회에 납부하는 정기적인 헌금에 대해서는 한 달에 '1,000엔~10,000엔'이라고 응답한 비율이 37.2%로 가장 높았고 그 다음으로 '100,000엔 이상'이라고 응답한 비율이 17.2%를 차지했다. 전반적으로 응답자의 약 46%가 한 달에 10,000엔 미만의 헌금을 정기적으로 기부하고 있는 것으로 나타났지만 50,000엔 이상의 금액을 정기적으로 헌금하고 있다고 응답한 비율도 27.5%에 달했다. 응답자 개인의 연수입에 대해서는 '100만엔 미만'이 42.6%이었지만, 500만엔 이상이라고 응답한 비율도 13.6%로 나타났다. 전체적으로 이번 조사에 응답자들의 연수입은 300만엔 이하의 저소득자가 66.3%이었지만 최소한 약 1할 이상은 500만엔 이상의 고소득자임을 알 수 있다.

이민교회에 모여드는 재일한인들은 일본사회에서 상대적 박탈감을 느끼는 생활상황과 여전히 어려운 노동시장의 현실에 직면하고 있다. 그들이 고용된 곳은 현지 일본인들이 꺼리는 3D업종에 속하는 것들이 대부분이다. 또한 그들 대부분이 노동시장에서 불리한 입장에 처해 있고 직업상 하향이동을 할 수밖에 없으며 이러한 사회적 지위로부터 절망감이나 박탈감을 느낄 수밖에 없다. 따라서 이들 이민노동자들은 노동시장에서의 이러한 상실감을 상쇄할 수 있는 사회적 문화적 배출구를 찾게 된다. 게다가 이민사회에서 생활하기 때문에 그들 개인적 네트워크는 가족과 소수의 친척이나 친구라는 아주 작은 범위에 한정되어 있다. 이러한 이민자들의 현지 사회생활의 제한 때문에 그들은 다양한 통로를 통해 사회적 정신적 욕구를 충족시킬 수 있는 보다 넓은 기회를 요구하게 되는데 그 중 하나가 이민교회의 역할이라고 할 수 있다. 오랜 이민생활에서 경험한 사회적 직업적 박탈감을 해소하기 위해 이민자들은 심리적인 탈출구가 필요하며 이민교회에서 감정적인 욕구를 어느 정도 해소할 수 있을 것으로 생각된다.

이민교회는 기본적으로 종교단체에 해당되며 사람들이 교회에 다니는 이유는 그들의 유일신을 믿는 신앙과 종교적인 신념을 표현하기 위해서이다. 그러나 특정민족집단의 구성원 다수가 교회에 집중되는 경우 거기에는 사회적 감정적인 욕구를 해결할 수 있는 기회도 어느 정도 제공될 수밖에 없다. 종교단체이면서 동시에 도처에 존재하는 한국계 이민교회의 역할은 한국계 이민 공동체들이 느끼는 불안한 사회적 감정적 욕구를 해결할 수 있는 유일한 조직이기 때문이다(Kim and Kim, 2001).

또한 한국계 이민교회의 선교사나 목사는 일반적으로 교회에 많은 시간, 열정, 자원을 투자하고 보다 많은 헌금을 함으로써 역할모델을 자임하고 있다. 동시에 그들은 이민교회의 평신도들이 가지고 있는 규범이나 기대에 부응함으로써 사회에서 심리적 불안감을 해소할 수 있는 좋은 역할모델을 스스로 보여 주고 있는 것으로 생각된다. 이런 면에서 한국계 이민교회 역할은 이민자들에 대한 심리적 불안감을 해소할 수 있는 문화적 적응의 한 단계로서 대단히 중요한 역할을 한다고 볼 수 있으며, 현지인에게도 이방인에 대한 불안감을 해소할 수 있는 이문화 이해측면에서도 같이 적용될 수 있다. 향후 한국계 이민교회에 있어서 중요한 문제는 일본 사회 안에서 생활하면서 일본적인 생활방식이나 사고방식을 얼마만큼 체현해 나갈 수 있는가 라는 이민자의 일본화, 그리고 일본선교에 공헌하는 것이라 생각한다.

3. 한국계 이민교회의 문화적 적응 사례

1) 한국계 이민교회

일본에서 선교하는 한국인 목사나 선교사들을 중심으로 한국교회의 성장실태, 한국인들의 선교방법, 한일선교협력전망, 향후 문제점 등에 대하여 살펴보았다. 한국인 목사 4명(남성 3명, 여성 1명), 전도사 1명, 총 5명에 대한 인터뷰 내용을 정리하면 다음과 같다.

(1) 한국계 이민교회의 성장에 대한 견해

인터뷰 내용에서도 나타난 바와 같이 80년대 이후 일본에서 한국인의 급증이 한국계 교회의 성장과 연결되었다는 의견이 대부분이었다. 대부분의 한국인 인터뷰 대상자들은 일본선교와 목회에 대하여 비판적인 의견들이 강했다. 가령 40대 초반의 B목사는 "**선교와 목회는 구별되어야 한다. 일본에서 성장하고 있는 한국계 교회는 한국 사람들이 모여 있는 것이지 선교적 관점에서 성장이라는 표현은 좀 지나치다.**"라는 의견이었다. C목사의 경우도 선교와 목회의 차원을 달리 해석하려는 의식이 강했다. "**선교사라는 이름으로 도일하여 한국인을 대상으로 하는 것은 목회이지 선교가 아니다.**" 그러나 이와는 반대의견으로 한국계 K목사는 "**어쨌든 하나님의 일하시는 분들이 많아지는 것이기 때문에 매우 긍정적인 일이라고 생각하고 있다.**" "**일본사람들이 전도를 하지 않기 때문에 한국 사람들이 도일하여 전도하는 것은 매우 긍정적인 일이다. 한국 사람들에 의해 일본인들이 전도되고 구원을 받는다는 것은 자랑스러운 일이라고 생각한다."

이와 같이 일본에서의 한국계 교회의 성장에 대하여 두 가지 의견을 제시하고 있다. 하나는 일본 현지에서 한국인을 대상으로 하는 선교가 진정한 의미의 선교라 할 수 있는지에 대한 의구심과 또 하나는 장기적인 차원에서 일본인을 선교차원으로 전도하는 것이 의미 있는 일이라는 긍정적인 평가이다.

(2) 일본에서 한국인 선교방법에 대한 문화적 마찰

현지 일본에서 한국인들이 일본인 대상으로 선교를 할 경우 발생하는 문제점이나 문화적 마찰에는 어떠한 점들이 있으며 왜 이러한 현상들이 대두되고 있는지에 대하여 살펴보도록 하자. 지금까지 연구한 바로는 대개 현지 일본선교에서 나타나는 문화적 마찰은 언어문제, 일본문화의 이해부족, 일본교회의 특징에 대한 선행학습 부족, 한국인의 사고방식이나 문화적 특수성 강요 등으로 나타났다.

일본 기독교단에서 목회하고 있는 40대 초반의 B목사의 경우 "**일본선교를 하기 위해서는 먼저 일본어 실력을 갖추어야 하고 다른 나라의 문화를 이해하기 위하여 현지의 문학, 대중문화, TV 등을 보고 일본문화에 관한 다양한 지식을 익혀야 한다. 가령 일본 문학에 관해 전혀 무지한 사람이 신앙과 종교에 대하여 논한다는 그 자체가 상당히 모순이 있다. 교회에 출석하는 상당수 일본인들은 대부분 지식층이 많다. 일본어도 제대로 구사하지 못하고 일본에 와서 무엇을 하겠다는 것인지 의문이다.**"라고 지적했다.

40대 후반의 C목사의 경우 "**한국에서 오는 목사님들은 일본인을 무시하는 행동을 하는 경우가 더러 있다. 한국식 스타일로 밀어붙이는 성향이 있고 교회를 신자 수나 건물의 크기로 평가하는 경우가 흔히 있다. 일본인의 특성상 일본에는 한국에 비하면 작은 교회들이 많다. 그러나 이러한 조그마한 교회들도 교회의 역사를 살펴보면 80년이나 100년이 넘는 교회들도 있다. 이렇게 오랜 세월 동안에 만들어진 교회의 시스템을 젊은 한국인 선교사들이 짧은 기간에 통째로 바꾸려고 시도한다. 일본인 교인들이 어떻게 생각하겠는가? 한국 선교사들은 한국에서 배운 선교지식이나 신앙이 최고인 줄 알고 착각하고 있다. 현장감이 부족하다. 선교사로 왔으면 3년간은 가만히 지켜보고 관찰하는 것만으로도 선교라고 생각한다. 마음의 모든 짐들을 바닥상태로 내려놓고 가르치려거나 바꾸려 하지 말고 그냥 지켜보면서 먼저 현지 사람들과 친해져야 한다. 현지 사람들이 마음을 열기도 전에 행동을 하면 누가 따라 하겠는가? 일본 사람들과는 친해지기까지 상당히 시간이 걸린다. 그러니까 먼저 가만히 지켜보면서 현지 사람들과 친해지는 여유가 필요하다."라고 조언하였다.

이같이 한국식의 선교방식을 그대로 일본교회에 적용하는 경우 상당히 주의해야 할 필요가 있다. 도쿄에서 목회를 하는 40대 여성인 K목사는 일본 기존교회에 대한 이해가 부족한 상태에서 소명의식만 가지고 행하는 한국식 설교의 문제점과 일본인의 사고방식에 대한 무지에 대하여 "선교사로 도일하는 경우 먼저 일본의 기존교회를 알아야 하는데 소명의식만 가지고 한국에서 배운 교육프로그램이나 찬양, 기도, 설교를 한국식 그대로 수행하는 경우가 상당히 많다. 아무런 생각 없이 한국식의 사고방식을 그대로 일본 현지에서 적용하는 것은 상당히 무리가 있다. 가령 한국인 선교사들은 설교에 '~하지 않으면 안 된다.'라는 강요형식의 단어들을 많이 사용하고 예화를 들어가며 자신의 감정을 피력하는 식의 설교는 일본인들에게 익숙하지 않다. 또한 하나님께 응답을 받았다든가 일반 신자들이 경험하지 못한 영적 체험도 조심스럽게 이야기해야 한다. 이런 이야기를 자주 하게 되면 일본인 신자들에게 '왜 하나님께서는 나를 만나 주시지 않을까?' 하는 오해의 소지가 되기 때문에 이러한 것들을 특히 주의해야 한다."라고 지적하였다.

일본현지에서 선교를 하는 40대 여성인 K전도사의 경우 일본선교 시 관계전도라는 측면에서 신뢰관계의 구축이 무엇보다도 우선되어야 함을 강조했다. 특히 한일문화의 근본적인 차이에 대하여 강조하였다. "한국교회는 열정적인 문화이고 영적인 문화인 것 같다. 이와는 반대로 일본교회는 영성보다는 인텔리적인 지식문화를 강조하는 것 같다. 한국인들은 금방 화합을 이루고 친해지기 쉽지만 일본인들은 시간이 걸리고 은근히 사귀어 나가는 문화이다. 근거 없이 이성적으로 납득하기 어려운 설교를 들으면 일본인들은 이해하려 들지 않는다. 일본인들에 대한 기본적인 성향을 모르고 무작정 덤비는 것이 한국인이다. 선교에 대한 열정만 가지고 아무런 전략 없이 어눌한 일본어로 한국식 선교방식을 고집한다면 실패하기 십상이다."라고 했다.

도쿄에서 선교하는 P목사도 일본문화의 이해가 선교에 미치는 영향에 대하여 강조했다. "단순하게 장소만 바꿔서 한국적인 방식을 고집하는 자문화중심주의 선교방식은 일본인을 대상으로 하는 선교활동에 부합되지 않는다고 생각한다. 한 가지 덧붙여서 물론 한국에서 파송 받은 선교책임이나 부담감은 있겠지만 장기적인 전략으로 일본어 습득이나 일본문화에 대한 이해를 위해 충분한 시간을 할애하지 않고 너무 조급하게 사역의 성과를 바라는 것은 옳지 않다고 생각한다."라고 했다.

이상에서 알 수 있듯이 일본 현장선교를 효과적으로 수행하기 위한 기본적인 요건으로 일본인의 특성이나 그들의 언어와 문화에 대한 기본적인 이해와 학습이 전제되어야만 한다. 그래야만 문화적 차이에 따른 마찰없이 일본에서의 효과적인 선교를 수행할 수 있을 것으로 판단된다.

(3) 한일연합선교에 의한 교회성장 전망

일본에서 선교하는 한국인 목사나 선교사의 경우 흔히 한국인의 적극적인 행동과 일본선교에 대한 열정, 일본인의 냉정한 판단력과 자본력이 상호 결합한다면 폭발적인 부흥을 일으킬 수 있다고 생각하는 경향이 있다. 이 문제에 대하여 실제로 선교현장에서는 어떻게 생각하고 있는지 살펴보도록 하자.

도쿄 K목사의 경우 한일연합선교 방식에 대하여 이상적인 선교전략이라고 생각한다면서도 신중한 태도를 보였다. "우리 교회는 처음부터 일본인들과 동역해 왔는데 처음에는 열심히 하다가 모두 일회성으로 끝나버리고 말았다. 왜 지속적으로 양국 선교사들이 연합하여 선교가 이루어지지 못했는지 아직 명확한 이유를 발견하지 못했다. 대신에 일본선교에 가장 효과적인 방법은 일대일 양육 프로그램이라고 생각한다. 일본 사람들 대상의 선교는 시간, 노력, 끈기가 필요하다. 한꺼번에 많은 일본인들을 모아 놓고 훈련한다는 것은 상당히 어렵고 그것은 한국식이라고 생각한다." 일본에서는 한국의 선교방식인 대형 선교 프로그램보다는 한 사람 한 사람을 대상으로 오랜 시간 동안에 충분한 교제시간을 통하여 이루어지는 경우가 많다는 것이다.

또 다른 H선교사의 경우, 일본인의 봉사정신과 영적 성장과의 접목에 대하여 "일본에서 생활하면서 가장 많이 느낀 점은 일본인들이 타인을 돕는 봉사정신이 강하다는 점이다. 또한 볼란티어 활동을 위한 소그룹활동도 대단히 활발하다. 한국인의 적극적인 전도활동과 일본인의 봉사정신을 결합하면 한일간 선교파트너가 될 수 있을 것이다. 일본인들이 영적인 부분이 미약하기 때문에 이 영적 부분과 일본인의 봉사정신을 접목시키는 프로그램을 개발한다면 상당한 효과를 볼 수 있을 것으로 생각된다."라고 가능성을 제시하였다.

그러나 한일연합선교에 대하여 일본인 목회자들은 한국인의 영성에 대하여 높이 평가하면서도 일본인의 자본력에 대한 기대는 냉정한 평가를 내렸다. "한국인의 높은 영성과 선교에 대한 열정, 그리고 일본인의 자본력 결합은 솔직히 성과주의, 경제논리에 영향을 받은 아이디어라고 생각한다. 한국인들이 일본교회나 문화를 제대로 이해하지 못한 상황에서 표면적인 현상만을 보고 단순하게 그런 생각을 하는 것 같다. 어느 교회나 하나님의 소명이 있고 그 부르심에 대한 은사가 있기 때문에 일본교회는 일본교회대로 한국교회는 한국교회대로 각자의 역할을 감당하는 것이 필요하다."라고 말하기도 했다.

이와 같이 한일연합선교 방식에 대하여 한국인과 일본인의 장점을 흡수하면서 상호협력을 중시하는 경향이 강하지만 한편으로는 일본인들의 특성을 이해하고 문화를 존중하면서 각 교회의 세워진 사명대로 협력해 나아가자는 의견이었다.

(4) 향후 한국인 선교사들에 대한 조언
현재 일본 현지에서 선교활동을 수행하고 있는 한국인 선교사들의 경우 어떠한 점이 현지 활동상 가장 어렵고 향후 선배선교사로서 후배선교사들에게 조언하고 싶은 점이 있다면 어떤 것이 있을까?
이러한 질문에 대하여 현지 한국인 선교사들은 주로 "**일본어를 잘 구사할 수 있도록 철저히 공부하여 한국인이 드문 시골교회로 가서 훈련받는 것이 좋다고 생각한다. 또한 일본인 선교를 위해서는 일본인 교회에 가서 배우고 일본신학을 배워야 한다. 가르치려고 하기보다는 겸손한 마음으로 배워야 하며 상호간에 신뢰가 쌓일 때까지 기다려야 한다. 그들이 일본에 와서 바로 개척하기보다는 일단 일본교단에 소속하는 것이 중요하다. 선교사가 일본인을 진심으로 사랑하고 섬길 마음이 있는지를 확인하는 것이 중요하다.**"라고 강조했다. 즉 일본선교에 대한 준비로서 사명감이 확실한가의 자기 확인, 일본어와 일본문화의 충분한 이해, 일본 현지에서 실질적인 선교훈련, 일본인 및 일본교단과의 관계형성 등을 일본선교의 중요한 요소로 지적하였다.

2) 일본교회의 한국인 선교사와 문화적 적응 전망

여기에서는 일본인 목사나 선교사들을 중심으로 한국인 선교사와의 문화적 차이 극복에 따른 적응과 연합선교에 대한 전망에 대하여 살펴보고자 한다. 인터뷰 대상자는 일본인 목사 7명, 전도사 1명, 재일동포 1명 등 총 9명에 대하여 한국교회와의 연합 의향, 한국선교사의 선교방식, 한일선교 연합방법 및 한국인 선교사의 향후 전망에 질문하였다.

〈표 4〉 인터뷰대상자의 개인적인 특성

교단소속	성명	연령
日本キリスト改革派東京教会	I牧師	50대 초반
日本キリスト教団体目白町教会	M牧師	70대 후반
日本基督教団富士見町教会	K牧師	60대 중반
日本基督教団聖ヶ丘教会総会議長	Y牧師	60대 초반
日本同盟基督教団中野教会	Y伝道師	20대 후반
日本同盟基督教団中野教会	I牧師	60대 초반
日本キリスト改革派坂戸教会	K牧師	60대 후반
日本キリスト合同教会代表	O牧師	50대 후반
在日大韓キリスト教会	L牧師	30대 초반

(1) 한국교회와의 연합 의향

먼저 일본인 목사에게 한국교회와 연합할 의사가 있는지에 대하여 인터뷰한 결과에 대하여 자세히 살펴보도록 하자. 인터뷰 결과를 살펴보면 대략 세 가지로 분류된다. 먼저 한국교회와의 연합을 적극적으로 찬성하는 교회, 연합을 반대하는 교회, 이미 교류나 협력 중인 교회 등이다. 그러면 차례대로 살펴보겠다.

한국교회와의 교류를 반대하는 경우를 살펴보면, 일본인 50대의 I 목사님은 한국인들이 신앙생활의 원칙과 기준을 무시하는 행위 때문이라고 응답했다. "**나는 한국교회나 선교사들과 연합하거나 협력할 생**

각이 없다. 왜냐하면 한국선교사들은 우리 교단의 신앙기준에 의거한 신앙생활을 무시하기 때문이다."라고 했다.

다음은 찬성하는 쪽 교회의 의견을 들어보자. 대부분의 일본교회 목사들은 한국교회와의 교류나 협력에 대하여 한국인들의 열정과 기도에 감명을 받아 찬성하는 사람들이 많았다. 가령 일본인 60대 Y목사의 경우 "일본인들이 앞장서서 선교를 제대로 안 하고 있으니 한국 선교사들이 대신 선교하고 있는 것으로 생각한다. 한국 선교사님들이 일본 기독교의 성장을 위해서라도 연합을 해야 한다." 20대 후반의 Y목사는 "주의 영광을 위해서, 일본선교를 위해서 연합을 한다는데 적극 찬성한다. 한국 선교사들의 열정적인 영성에 감명 받았다. 아주 어렸을 적 고향인 나가노(長野)에서 한국인들이 열심히 전도하고 기도하는 모습을 보았다. 그때 나도 과연 저렇게 기도할 수 있을까? 라고 생각한 적이 있다."라고 했으며, "이단만 아니라면 얼마든지 연합할 의향이 있다. 우리 교단 내에는 한국인 선교사들이 몇 분 있다. 그분들이 얼마나 열정적으로 선교하는지 감사드리고 있다." 혹은 "아주 긍정적으로 생각한다. 한마디 덧붙이자면, 한국인들의 전도에 대한 열정, 선교정신은 정말 본받을 만하다고 생각한다. 다만 이러한 선교정신이 일본인들에게 잘 적용될 수 있도록 노력할 필요가 있다."처럼 한국인 선교사의 일본선교에 대한 열정적인 모습에 감동하여 함께 연합하여 협력할 의사가 있다고 하는 분들도 많았다.

이번에는 이미 한국교회와 교류하고 있는 경우를 살펴보자. 일본인 70대 M목사의 경우 "우리 교회는 아주 오래 전부터 한국인들과 교류해 왔다."라고 하면서 "우리 교단은 이미 재일대한기독교회와 조약을 맺고 있으며 목사들을 초청하여 설교를 듣거나 저희가 가서 설교를 하기도 한다."라고 했다. "나는 한국 기독교와 연합하여 이미 36번이나 한국을 방문한 적이 있으며 그때마다 한국의 푸근한 인정과 한국인들의 배려에 감사하고 있다." 또한 "우리 교회에는 한국인 목사가 시무하고 있다. 그리고 1980년부터 한국이나 대만교회와 자매결연을 체결하고 있으며 방학을 이용하여 한국청년들이 단기선교를 하기도 한다."라며 구체적 사역을 나누기도 하였다. 이와 같이 일본교회들도 글로벌 시대에 부응하여 일본에 있는 재일대한기독교회나 한국교회와 이미 교류를 통하여 협력하는 교회도 생겨나고 있음을 알 수 있으며, 초청설교나 단기선교를 통한 다양한 협력사업도 시도되고 있는 것으로 나타났다.

(2) 한국선교사나 선교방법에 대한 평가

일본인 목사에게 한국인 선교사나 선교방식에 대해 "지금까지 한국인 선교사들이나, 한국인들의 선교방법에 대해 생각해 본 적이 있는가?"라고 질문한 결과, 주로 일본인에 대한 사전지식 부재, 전도방법상의 이견, 한국식 선교방식의 고집, 한국인의 일본선교에 대한 조급함 등을 지적하는 의견이 많았다.

〈일본인의 감성 및 일 처리방식에 대한 무지〉

그러면 먼저 한국선교사들의 일본인 및 일본문화에 대한 무지에 대하여 일본인 목사들이 어떻게 생각하고 있는지 살펴보겠다.

도쿄에서 사역하시는 60대 Y목사는 한국인 선교사들이 "**일본인들의 성향조차 모르고, 한국식으로 전도하는 것은 문제인 것 같다.** 그렇다고 해서 한국교회의 전도방법이 틀렸다고는 생각하지 않는다. 조금만 연구하면 얼마든지 일본인들에 적합한 선교방법으로 바꾸어서 전도할 수 있기 때문이다. 일본인들은 다분히 지성적이다. 아무리 감정에 호소하는 말씀을 하더라도 이해가 되지 않으면 수준 낮은 현세유익의 천한 설교가 되어버린다." 또한 60대 초반 K목사는 한국인 선교사의 일 처리방법에 대하여 지적했다. "**한국 선교사들은 단독으로 일을 시작하려는 경향이 있다.** 단독으로 혼자서 선교하려고 하는 것은 성경적이거나 바람직한 방법이라고 생각하지 않는다. 기독교에서는 공동체라는 말을 자주 사용하는데 자신만의 교회는 공동체라고 할 수 없다." 20대 후반 Y목사의 경우 "일본인들은 무슨 일이든 충분히 의견을 나누고 허락을 받은 후 일을 시작한다. 그러나 한국 선교사들은 먼저 일을 저지르고 보는 경향이 있다. 교단에 속해 있는 이상 먼저 교단의 룰에 따르는 것이 마땅하다."라고 강조했다.

〈전도방법상의 차이〉

일본인 목사들은 한국 선교사들의 선교방식에 대하여 이견이 많았다. 일본에 와서 한국식 예배방법, 전도방법, 설교방식에 대하여 긍정적인 반응과 부정적인 거부감을 가지고 있었다.

30대 초반의 L목사는 한국교회의 찬양방식에 대하여 "**한국교회의 예배방법, 기도방법, 찬양하는 방법, 노방전도 등은 일본인들에게는 훈련되지 않은 것이어서 프로그램은 좋지만 일본인들이 받아들이기 힘들다. 이러한 훌륭한 한국인의 영성, 예배, 기도, 찬양, 노방전도를 일본인들이 배울 수 있도록 참여하는 방안을 찾아야 한다. 또한 일본인들은 성경대로의 삶을 중요하게 생각하지 보여 주기 위한 행위나 프로그램을 중요하게 생각하지 않는다. 또한 서로 시간 약속을 잘 지키고 다른 사람들에게 피해를 주지 않도록 신경을 써야 한다. 한국 사람들의 찬양하는 것과 기도하는 것을 보면 타인을 배려하는 마음이 약하고 너무 시끄럽다.**"라고 했다.

60대 후반 K목사는 한국교회의 기도방식에 대하여 "**한국교회는 큰 소리를 내서 기도를 하고 늦은 밤까지 찬양을 한다. 일본에서는 맞지 않는 방식이다. 그리고 일본에서 노방전도를 하는 경우가 있는데 이는 아직 교회시설도 없고, 예수 믿는 사람들이 소수일 때 하는 방법이다. 요즘에도 가끔 길거리에서 확성기를 크게 틀어 놓고 자동차로 예수 믿으라고 전하는 사람들이 있는데 이러한 행위가 오히려 예수를 잘 믿는 우리들에게 피해를 주는 게 아닌가 생각한다."라고 지적하였다.

일본인 70대 M목사는 한국인 목사의 설교방식에 대하여 "**한국교회에 가서 예배를 드릴 경우 참석할 때마다 느끼는 것이 힘차게 설교하시는 목사님들의 모습이 인상적이다. 마치 히틀러가 연설하는 것 같다는 느낌을 늘 받는다. 말은 잘 안 통하지만 나쁜 의도가 아니고 마치 히틀러가 연설하는 것처럼 열정이 넘친다는 의미이다. 일본인들은 일본 기독교인들을 인텔리들의 모임이라고 생각하고 있으며 상식적인 행동범위 내에서 행동을 한다. 큰 소리를 내는 것은 서민적으로 느껴지기 때문에 큰 소리로 설교하는 것에 대해 일본인들은 거부감을 느낄 것으로 생각한다.**"라고 했다.

〈한국식 전도방식 고집〉

한국인 선교사들의 열정적인 선교방식에 대하여서는 다른 의견을 가지고 있는 일본인 목사님도 있다. 도쿄에서 목회하시는 50대 I목사는 "일본에 있는 한국교회는 어디까지나 한국의 기독교지 전 세계 어디서나 통하는 그런 세계교회가 아니다. 일본 기독교인들은 한국화에 성공한 한국 기독교가 정말 부럽고 대단하다고 생각하고 있다. 하지만 일본 기독교를 한국 기독교의 틀 속에 맞추려고 하면 무리가 있다. 한국 선교사들은 한국교회가 최고라고 착각한다. 한국 내에서 한국교회가 넘버원이라고 하는 것에 대해서는 딱히 뭐라고 말할 수 없지만 일본에 와서까지 한국 기독교를 넘버원이라고 하면서 가르치려는 것은 결코 바람직하지 않다고 본다. 일본은 일본풍토에 맞는 기독교가 있을 것이다."라며 일본에서 한국식 기독교의 정착을 고집하기보다는 일본화된 기독교의 정립이 중요하다고 강조했다.

〈한국인의 조급함〉

일본에서 선교활동을 하는 한국인 선교사의 선교활동이나 개척의 성급함을 지적하는 일본인 목사도 있었는데, 가령 일본인 50대 후반의 O목사는 "한국인 선교사들은 먼저 일본 선교상황을 지켜보지도 않고 성급하게 덤비는 경향이 있다. 그리고 무작정 한국 방식을 일본인들에게 집어넣으려고 하는 느낌을 받았다. 일본 사람들은 친해지는 시간이 필요하고 순서와 절차가 있는데 이러한 것을 다 무시하고 처음부터 친밀해지려고 한다. 일본 사람들은 자신을 개방하는데 시간이 걸린다. 이러한 절차와 시간을 무시하는 전도는 틀린 방식이라고 생각한다."라고 했다.

또한 60대 초반의 I목사는 "우리 교단에는 18명의 한국인 목사님들이 등록해서 활동하고 있다. 모두 적극적으로 활동하며 특히 개척전도를 하시는 분들이 많다. 그러나 가끔은 선교사로 오시는 분들의 이야기를 들으면 신중하지 못하다는 생각이 든다. 게다가 열띤 토론도 없다. 그리고 먼저 행동한다. 참으로 난처할 때가 많다. 한국인 선교사님들의 대담함은 본받을 만하지만 남에게 폐를 끼치면서 하는 일은 일본에서 통하지 않는다는 것을 명심했으면 한다."라고 지적하였다.

(3) 선교방식에 대한 한일문화의 차이와 연합선교

한일선교방식의 차이에 대하여 한국인 선교사의 열정과 일본인 선교사의 냉철한 이성과 자본력의 결합이라는 전략적 선택에 대한 질문으로 '일본선교를 경험한 한국 선교사들 사이에는 일본인의 냉정한 판단력과, 자본력에 한국인들의 적극적인 행동이 결합된다면 폭발적인 부흥을 일으킬 수 있다.' 라고 하는데 이것에 대하여 일본인 목사들이 어떻게 생각하는지를 살펴보았다.

〈한일연합선교 찬성입장〉

먼저 한일간의 문화적 차이를 서로 결합하는 것이 선교에 도움이 된다는 의견을 살펴보면 한국인의 열심과 일본인의 신중한 자세, 한국인의 행동력과 일본인의 배려 등에 대한 지적이 많았다.

한국인의 열심과 일본인의 신중한 자세의 결합에 대하여 동경 K목사는 "한일간의 문화적 장점을 찾아서 협력하는 것이 좋을 것으로 생각한다. 이론적으로는 성경말씀과 선교라는 두 수레바퀴와 기도의 축이 서로 맞물려서 앞으로 나아가는 방법이 있다. 일본 성도들은 신중히 기도하고 성경공부를 열심히 하는 스타일이 많다. 그러나 현실적으로는 전도의 바퀴가 잘 굴러 가지 않고 있다. 한국교회는 이 세 가지가 잘 조화를 이루고 맞물려서 굴러가고 있는 것 같다. 한국 사람들의 선교의 열심과 일본 사람들의 신중함이 결합된다면 일본에서 훌륭한 선교가 이루어질 수 있을 것이다."라고 했다.

또한 한국인의 행동력과 일본인의 배려에 의한 동반성장이라는 의견에 대하여 일본인 O목사는 "일본 기독교에서 자주 하는 말이 있다. 대만교회는 찬양하는 교회, 한국교회는 기도하는 교회, 일본교회는 말 그대로 신학하는 교회이다. 행동력이 있는 한국인 선교사가 전도를 하고 신중한 일본인들이 사람들을 양육한다는 말에 일리가 있다고 생각한다. 한국인 선교사는 선교에 대단히 열심이고 개발된 선교교육 프로그램도 다양하다. 이러한 부분에서 일본교회가 아직까지 신학을 하고 있다는 생각이 들며 한국 선교사로부터 많이 배워야 한다. 한국 선교사들이 한국의 프로그램을 그대로 가지고 오는 것도 좋지만 일본 풍토에 맞게 일본인들이 잘 소화할 수 있는 프로그램을 개발한다면 한국교회와 일본교회의 동반성장은 시간문제라고 생각한다."라며 한일문화의 장점의 결합과 협력을 지지했다.

〈한일연합선교 반대 입장〉

한일연합선교에 반대하는 일본인 목사들은 대개 한일간 문화적 차이를 존중하고 한국인들의 무리한 선교행위에 반대하는 입장을 취하고 있는 경우이다. 한일연합선교에 대한 필요성을 인정하면서도 일본인의 전도에 대한 소극적인 태도, 한국인의 현세주의이면서도 강요된 전도행위에 의한 선교방식에 대하여 부정적인 입장을 보였다. 50대 후반의 L목사는 한일연합선교에 대하여 "일리가 있다고 생각한다. 하지만, 일본 사람들은 교회를 생각할 때 신학적으로 정신적인 것으로 생각하지 행동으로 옮기는 것까지는 아직 안 되는 것 같다. 한국인의 행동력을 일본 크리스천들이 배워서 실천한다면 좋지만 지금까지 일본 기독교는 머리로 신학하는 교회의 이미지가 강하다."라고 했다.

또한 70대의 M목사는 한일연합선교에 대하여 경우에 따라 다르겠지만 먼저 기도로 연합하고 문화적 차이는 서로 신중하게 대처해 나가야 할 필요가 있다면서 "일본에 있는 한국인 선교사들이 도시락을 나눠주는 방법으로 전도하는 현세주의적인 전도방법은 분명히 한계가 있다. 지금 당장의 현세유익을 위해서 교회에 출석하는 사람들은 얼마 되지 않아 교회에 나오지 않을 확률이 높기 때문이다. 행동과 실천이 없는 일본교회가 문제가 있는 것은 분명한 사실이지만 별로 가고 싶지 않은 교회에 한국인에 의해 마지못해 끌려가서 앉아 있고 그들을 일본인들이 뒷바라지한다는 것은 과연 온당한 일인가 의문이다."라고 지적했다.

〈일본교회 및 지역 사회 네트워크 활용〉

일본인 목사들은 연합선교방식의 하나로서 일본교회 및 지역 사회 네트워크의 활용에 대하여 강조하고 있는데 이것에 대하여 구체적으로 살펴보도록 하자. 먼저 도쿄에서 목회를 하는 45세의 일본인 남성 목회자는 글로벌 시대 지역간 국가간의 협력네트워크 구축의 중요성에 대하여 "1963년에 한 사람의 여성선교사가 일본복음자유교회로부터 선교사로 싱가포르, 말레이시아로 파견되었다. 당시 일본복음자유교회는 독립교회 6, 전도소 2, 집회소 3, 교회회원 수 274명이었다. 선교사를 파견하면서 복음자유교회 내외로부터 다음과 같은 목소리가 들렸다. '아직 일본교회는 작고 약하다. 그런데 왜 선교사를 파견하는가? 일본에도 사역해야 할 땅은 얼마든지 있다.' 이와 같은 소리를 들으면서도 선교사는 선교지에 파견되어 교회를 섬겼다. 그녀는 1994년 소천할 때까지 사역을 계속하였다. 지금까지 세계선교의 역사를 돌아보면 보내는 쪽의 교회가 어떤 문제없이 완전했다는 것은 생각해 볼 수 없다. 교회의 문제는 끊임없이 개혁되어 나가지 않으면 안 된다고 생각한다. 이를 위해서는 교회가 자신의 현상만을 보고 선교를 수행한다는 것은 한계가 많을 것으로 생각된다. 완전한 인간이 없는 것처럼 건전한 교회도 없다. 인간은 혼자 살아갈 수 없는 것처럼 교회도 그 교회가 존재하고 있는 지역(국가)만으로는 건전한 교회가 될 수 없다고 생각한다. 여기에 지역 간, 국가 간의 교회가 협력하여 선교해야 하는 이유가 있다. '전 세계로 나아가 모든 창조물들에게 복음을 전하여라.'라는 주님의 명령을 새겨들어야 한다. 선교사가 한국으로부터 일본에 파견되고 있다. 그리고 선교사를 받아들이는 일본교회가 협력하여 선교에 임하고 주님께서 가르쳐 주신 선교명령을 달성한다. 한국인 선교사가 일본에 오는 것을 통하여 선교사가 많은 희생을 치르고 있다는 것을 아는 것뿐만이 아니라 동시에 선교가 주는 은혜를 깨닫는 기회가 된다. 자기중심이 되기 쉬운 신앙의 자세를 선교사의 사역 모습을 보는 학습에 의해 계발되어 간다. 특히 한국과 일본의 역사경험을 통하여 화해의 복음에 대해서도 배울 수 있다. 한국과 일본의 특징을 잘 이해할 수 있는 기회도 된다. 일본은 이웃나라인 한국을 더욱 잘 이해할 필요가 있다. 그를 위해서도 한국으로부터 선교사가 일본인 선교를 위해 오는 것은 미신자의 일본인들에게 큰 의미가 있다. 얼굴을 맞대고 인격적인 만남에 무게를 두는 것이 일본인이다. 한국으로부터 선교사가 경제적인 이해관계뿐만 아니라 일본인의 구원을 위해서도 온다는 사실을 이해할 때에 한일교류의 새로운 실마리가 풀릴 것이다. 그동안 뒤엉켰던 실타래가 풀리고 막혀 있던 교류의 물꼬가 트일 것이다. 이를 위해서는 한국인 선교사가 일본교회에 소속하거나 교회를 개척하여 일본인선교에 협력하면 좋을 것으로 생각한다. 물론 일본에 체재하는 한국인들을 인도하는 한국인 목사와 선교사도 필요하다. 일본인 목사와 성도가 한국인 선교사와 협력하여 선교를 수행하는 기회를 갖는 것이 필요하다고 생각한다. 자기중심적인 일본인의 신앙을 건전하게 확대해 나가기 위해서라도 여러 국가출신의 선교사와의 협력이 중요하다고 생각하며 특히 한국과의 협력에 힘을 쏟는 것이 필요하다."라고 했다.

나가노현 우에다 시에서 한일간 목회자간의 네트워크를 통한 일본교회와 지역 사회, 그리고 대학에 미치는 영향에 대하여 일본인 61세 S목사는 한일간 교회, 대학, 도시와의 네트워크가 일본문화의 뿌리 속에 복음의 연착륙을 도와줄 것으로 전망했다. "일본과 한국의 역사적 관계를 잊지 않으면서 거기에 붙들리지도 않고, 오직 하나님 나라의 건설을 위해서 하나님으로부터 서로가 받은 것을 인정하면서 서로 희생의 대가를 지불하며 협력해야 한다고 생각한다. 일본인도 한국에 완전히 의지하는 것이 아니라 큰 희생을 치를 각오가 필요하다. 또한 선교방법에 대해서는 영성과 열성은 하나님께서 한국에게 주신 놀라운 선물인 것은 분명하며 그것을 활용하는 방안에 있어서 일본인의 감성을 존중하면서 공생적인 선교 협력방법을 취하는 것이 일본인 선교에 있어서 필요한 부분이다. 바울이 고린도전서 9장 19~22절에서 취한 자세처럼 민족간 서로가 서로를 존중하며 서로를 받아들이는 것이 필요하다. 계속해서 23절의 서로 겸손하게 섬기고 서로가 가진 것을 나누는 것이 필요하다. 함께 수고하며 함께 서로 도와서 획득하는 선교의 기쁨을 나누는 것이야말로 우리가 이 세상에 보일 '증거'가 된다. 현재 '예수비전'이라고 하는 단체와 지방교회의 하나인 본 교회와 선교협력을 하고 있다. 지방에 있는 대학과 한국의 미션 대학이나 고등학교와 자매 결연을 하여 청년전도와 지방교회의 성장을 돕는 프로젝트를 수행하고 있다. 아주 좋은 결과를 얻고 있다. 교회에 젊은 청년들이 증가하기 시작하였다. '지방선교'에서는 사회적인 영향력도 매우 중요하다. 왜냐하면 지방에 뿌리내리고 있는 불교 세력과 신사(神社)세력이 매우 강하기 때문이다. 그러나 대학 관계자를 포함하여 지역의 실력자와 갖는 기독교회와의 관계도 강하게 자라나고 있다. 학생들은 한일문화 교류의 사절단 역할과 복음선교의 대사역할을 완수할 수 있는 환경이 마련되고 있다. 대학 학장의 개신교 교회에 대한 신뢰도 점점 더 커지고 있다. 지방교회인 '우에다복음자유교회' 스스로가 심혈을 다하는 노력과 함께 사회적인 지도층을 향한 쌍방향의 복음전도의 노력은 지방교회 선교상 필요한 기능이라고 생각하며 이 부분에 있어서 한국측은 지혜와 관용으로 노력을 다해 주고 있다. 이것이야 말로 가장 이상적인 선교시스템이라고 믿으며 이와 같은 환경이 현재 만들어지고 있다. 지방도시와 한국의 크리스천 시장이 있는 시와의 자매 결연으로 연결되면 대학, 교회, 그리고 도시와 모든 분야에서 선교의 쐐기가 들어가는 일이다. 이를 위해 더욱 기도하고 있다. 지방에서는 한국식의 강력한 열정을 앞세운 선교는 반발을 불러 일으키기 십상이다. 그러나 현지 일본인 목사의 분투노력에 대하여 선교협력으로 부응하고자 하는 이번 활동은 반드시 좋은 결과를 맺으리라 확신한다. 한국의 훌륭한 영성이 예수의 겸손함을 가지고 일본문화 안에 연착륙하여 큰 성과를 만들어내는 지금과 같은 사건은 여태까지 없었던 사역이다. 주가 주신 한국의 훌륭한 영적 유산을 쓸데없는 곳에 사용되어서는 안 된다. 이러한 한일간 선교협력의 바탕 위에 한국교회의 영광이 나타난다고 생각한다. 자신을 파견할 선교기관의 지부를 또 하나 만들려는 식의 선교는 뿌리 깊은 일본의 영적 암흑을 절대 깰 수 없을 것이다."라고 지적했다.

위의 두 사례에서 살펴본 바와 같이 글로벌 시대 한일양국이 일본 내 미개척지는 물론 전 세계적인 협력선교를 수행하기 위해서는 전반적으로 일본에 대한 폭넓은 선교 안목과 실천적 방안을 제시할 지도자들이 있어 한국교회와 일본을 지속적이고 구체적인 네트워크로 연결시켜 한일연합선교로 발전시키는 것이 필요하다. 또한 선교동원에 필요한 전문가들이 이곳에서 자립적으로 활동하면서 네트워크를 형성할 수 있게 된다면 개인전도뿐만이 아니라 자연히 문화사역으로까지 영향력을 발휘하게 될 것이다.

(4) 한국인 선교사 파송에 대한 일본인 목사의 조언

일본인 목사들에게 향후 파견될 한국 선교사들에게 한마디로 요청하고 싶은 것에 대하여 질문한 결과 분명한 선교목표와 대상설정, 일본 현지문화의 이해, 섬기는 자세와 인내로 참고 기다리는 정신 등 3가지를 강조했다. 동경에서 목회하는 I목사는 **"아무리 열심히 전도를 하고 한국의 좋은 프로그램을 가지고 온다고 해도 규칙과 순서를 중시하는 일본문화를 잘 지켜 주지 않으면 절대로 일본에서 목회로 성공할 수 없다. 한국과 일본은 겉으로는 같지만 너무나 다른 문화를 가지고 있기 때문에 만약 일본에 온다면 일본에 대해 많은 공부를 해야 한다."** 라고 했다.

또한 일본의 문화적 특성의 이해에 대하여 일본문화는 모든 것을 시간을 걸려서 하는 것을 좋아한다. 가령 음식점이나 가게에서 줄을 지어 기다려서 먹는 모습, 오신코, 라면의 국물 만드는 과정 등 모두 시간이 걸린다. 한 사람을 사귀어서 친해지기까지 상당한 시간이 걸리는데 신앙을 갖게 되기까지는 더 많은 시간이 걸린다는 사실을 알아야 한다.

일본선교에서는 인내와 참고 기다리는 정신이 필요하다는 의견에 대하여 **"한국인 선교사들은 파송한 교단이 결과에 치중하기 때문에 빠른 시일 내에 성과를 내려는 경향이 있는 것 같다. 일본 사람들은 친해지고 마음을 열 때까지 상당한 시간이 걸린다. 무엇을 하든, 시간이 걸리고, 신뢰가 쌓여야 일이 진행되는 곳이다. 따라서 한국의 교단이나 단체도 선교사들에게 단기간 성장에 대한 기대나 너무 성급한 결과를 바라지 말아야 한다. 일본은 한국과는 달리 열정을 내세우기보다는 냉정한 의견 조율에 의한 추진이 필요하고 대담함보다는 순서와 절차를 따르는 것이 중요하며, 양보다는 질을 따지는 곳이다."라고 설명했다.

이상과 같이 일본선교에는 감성보다는 이성적인 인텔리 교회가 많고 충분한 의견교환과 토론 후 순서와 절차를 중시하는 일본문화를 존중하는 자세, 단기간보다는 장기간에 걸친 선교전략 수립 등이 필요하다는 것을 인식할 필요가 있다.

3) 이민교회 및 한국선교사의 문화적 적응과 선교전략

지금까지 서술한 내용을 바탕으로 일본에서의 이민교회의 문화적 적응과 현지선교를 위한 전략적 방안에 대하여 살펴보기로 하자. 여기에서는 한일 문화적 차이 극복, 청년리더를 세우기 위한 교육활동, 일본교회의 자립성장을 돕기 위한 방안, 연합선교 네트워크 구축 등 네 가지로 요약하여 설명하고자 한다.

(1) 한일 문화적 차이 극복

일본선교를 위해서는 일본의 문화라든지 일본인의 정서를 배울 필요가 있다. 일본과 지리적으로 가깝고 비슷한 문화를 가지고 있는 한국이 더 많이 활동할 수 있는 길이 열려야 한다. 일본 복음화를 방해하는 초문화적인 영적 세력에 대해 언급하고자 한다. 일본을 장악하고 있는 어두운 영적 집단(골1:13)이 일본 복음화를 방해하고 있다. 그러므로 여러 가지 방법론을 모색하는 것도 좋지만 먼저는 영적 전쟁의 현장에 뛰어든다는 각오가 있어야 하며 영적 전쟁을 위한 힘과 지혜를 얻기 위해서는 부단히 기도하는 자세로 성령과 동행하면서 당면한 영적 전쟁을 승리로 이끌 준비를 하지 않으면 안 된다.

일본에서 선교하기 위해서는 일본이 십자가의 사랑과 용서의 도장이 되어야 한다. 일본인의 영혼을 사랑하는 마음을 가져야 한다. 정말로 일본인의 영혼을 사랑하는 마음을 가져야 한다. 한국식으로 밀어붙이는 것보다는 일본인들과 함께 움직이고 일본인 리더를 만들어 예수님의 제자가 될 수 있도록 도와주고 동반협력자로서 아시아와 세계로 나아갈 수 있는 기회를 만들어야 한다. 혼자만 사는 것이 아니라 서로 협력하고 함께 부흥하며 나아갈 수 있도록 그들을 더욱 섬기고 겸손히 나아가야 한다.

그리고 복음전파의 사명감은 한국인이나 일본인 모두에게 동일하게 중요한 요소임을 더 깊이 인식할 필요가 있다. 그러나 남에게 피해를 주지 않으려는 일본인의 특성상 개인 전도에 어려움이 있으며 복음전파하는 것도 매우 부끄러워한다. 이것이 한일교회의 협력이 필요한 부분이다. 일본교회가 '성경공부'와 이성적인 점은 바람직하지만 한국교회에 비해 정이 없고 냉정한 부분도 많다. 새신자를 적극적으로 받아들이려는 열린 자세와 새신자에게 친화적인 프로그램도 적극적으로 개발해 나가야 할 필요가 있다. 사랑으로 베풀 줄 아는 열린 일본교회가 더 많이 생겨야 한다.

다음은 일본문화와 국민성을 이해해야 한다. 일본화된 한국식 전도전략을 계속 개발해야 한다. 일본선교는 단기간의 실용적인 업적보다는 전 생애를 천국확장에 바친다는 소명의식이 전제되어야 한다. 일본선교는 인간관계를 구축해 나가는 '천국만들기' 부터 다져야 한다. 선교에 타산적이고 계산적인 생각이나 나의 생각만이 절대적이라는 아집이나 독선은 배제되어야 한다. 특히 일본선교는 더욱 그렇다. 빌립보서 1장 8절에 "내가 예수 그리스도의 심장으로 너희 무리를 얼마나 사모하는지 하나님이 내 증인이시니라."라는 말씀이 한일교회의 고백이 되고 실천덕목이 되는 것이 바람직하다. 한국의 크리스천들이 먼저 일본을 사랑하고 일본인을 사랑하며 이러한 사랑을 가지고 문화적 장벽을 넘어 열린 마음으로 신뢰관계를 만들어 가지 않으면 안 된다. 좋은 방법 중 하나가 신뢰를 기반으로 하는 관계전도이다.

　일본에서 사역하는 한국인 선교사들은 먼저 일본교회와 지역 사회에 신뢰를 얻는 것이 매우 중요하다. 그러기 위해서는 일본에 대한 이해와 인내가 필요하다. 이해와 인내의 과정은 쓴 것이 사실이지만 그 열매는 달며, 결과적으로 신뢰를 획득할 수 있다는 사실을 많은 한국 선교사들이 맛보기 바란다. 현재 대부분 일본교단의 목회자 수가 부족한 상태인 것으로 알고 있다. 이러한 때에 서구 선교사보다는 일본문화와 일본인에 대하여 비교적 신속히 이해하고 적응 가능한 한국교회의 젊은 목회자들이 일본교회를 세우는데 많이 헌신하기를 기도한다.

　특히 일본에서 선교하는 이상 일본인의 사고방식, 문화양식, 생활습관 등을 배우고 그것을 구체적인 선교활동으로 살려 나가야 한다. 한국인의 장점과 일본인의 장점을 조합하면 선교활동에 반드시 도움이 되리라고 생각한다.

　일본에는 자신의 생각이나 신념을 표명함으로써 발생하는 충돌을 피하려는 전통이 있으며 그 때문에 신앙은 마음속에 간직하는 것으로써 표출하지 않는 경향이 있다. 또한 애니미즘 전통이 강하고 기독교를 높게 평가는 하지만 멀리하는 경향이 있다. 그러나 최근 글로벌화의 영향으로 일본에서도 종래의 다신교적인 이념이나 불명확한 종교로서는 사회의 변화에 대응할 수 없다는 지적이 강하다. 어느 국가이든 자국의 전통과 문화에 알맞은 전도 방법이 반드시 있다. 이런 의미에서 한일연합선교를 위한 국제적인 협력체제를 구축할 필요가 있을 것이다. 이와 같은 일로 한일문화 차이를 극복하는 가교 역할을 감당할 인재들이 많이 나타나기 바란다.

(2) 청년리더의 육성과 활동

　현재 일본교회 신자의 연령층은 대체로 고령화 추세에 있다. 그렇기 때문에 교회 분위기가 침체되어 있으며 젊은 청년들이 교회를 멀리하기도 한다. 교회에서 청년들의 활동은 지대하기 때문에 일본교회 자체의 어린이 전도사역 및 젊은 청년 사역을 감당할 청년 리더들이 빨리 세워져야 한다. 뜻있는 일본교회의 젊은 목사들을 중심으로 이 일에 더 깊은 관심을 갖기 바란다.

일본에 부족한 청년 일꾼들을 키우는 것과 동시에 일본문화에 적응력이 뛰어난 한국의 젊은 일꾼들이 일본교회와 함께 일하면서 간증을 만들어 가는 사역을 장기적인 전략과 계획 속에서 추진하는 것도 좋은 방법이다. 특히 한일교회 청년들의 교류를 활성화시켜서 한일협력을 만들어 나가는 과정을 서로 경험하며 다음 세대까지 물려 주어야 한다.

한국과 일본청년들이 문화교류와 협력을 통하여 한일협력 선교에 대한 공통이해와 동일한 방향을 세워 나간다면 한일교회 모두에게 큰 격려가 될 것이다. 한국학생들은 일본에서, 일본학생들은 한국에 와서 공부하고 생활하면서 서로의 문화를 알고 차이를 앎으로써 현장에서 부족한 점을 배우고 보완하여 구체적인 선교방안과 방향을 마련하는 것도 좋은 방법이 될 것이다.

이를 위해서 일본교회 지도자들이 더 많은 관심을 가지고, 한국교회 선교사들과 젊은 일꾼들이 일본교회 청년 사역을 일으키는 일을 할 수 있도록 그들을 돌보고 격려할 수 있기를 바란다. 한국의 일꾼들도 일본교회 스스로가 어려움을 견디며 복음전도에 힘쓰고 승리해 나가는 구체적인 현장 간증을 만들어 나갈 수 있도록 힘써야 한다. 뒤에 언급되는 「나가노 프로젝트」는 이와 같은 뜻을 가지고 추진되고 있는 좋은 예이다.

후쿠오카 CCC 복음선교센터(이하 후쿠오카센터)를 중심으로 한일 젊은 청년들이 함께 살면서 배워가는 '사랑방 전도운동'을 통해서도 이와 같은 일이 실현되고 있다. 살아 있는 말씀, 기도, 성령, 찬양을 나누며 이 과정을 통해 한일의 교회 젊은 청년들이 서로 좋은 영향을 받으며 자라고 있다. 한일간 교회협력은 이웃한 일본교회에서의 한국어 교육과 성가대 봉사, 새벽기도, 지속적인 QT훈련, 인터넷 선교사역 등을 통해 이루어지고 있다. 필자는 1992년 오사카 단기선교에 참가한 한국 학생들과 같이 활동하며 똑같은 마음으로 "너희는 온 천하에 다니며 만민에게 복음을 전파하라."(막 16:15)라는 말씀을 붙잡고 실천하려는 일본 학생들을 만난 적이 있으며 그 중에 여러 명은 일본 목회현장에서 성공적으로 활동하고 있다.

또한 일본에서 활동 중인 NoBorder(국경 없는 축구단)는 큐슈대 외국인 유학생 약 15개 국가 출신으로 구성된 축구팀이다. 스포츠를 통한 유학생 친선 교류모임이지만 만만치 않은 실력의 소유자들이 많기 때문에 큐슈대 일본 대학생들도 연결되어 있어 전도의 기회로 활용되고 있다. 이들에게 통하는 전도용 비디오가 있는데 스타사역 비디오, 월드컵 예수영화 CD 등이며 크리스마스 시즌에는 크리스마스용 예수영화 CD를 소개하고 있다. 이 NoBorder 사역을 통해 젊은 스포츠 사역을 키우는 축구감독 주승규 선교사는, "선교는 말씀, 기도, 성령보다 앞서지 말아야 한다. 단기전이 아니라 마라톤 사역이기 때문에 관계(Connection), 대화(Conversation), 의사소통(Communication), 점검(Check out) 등 청년 리더 육성을 위해서는 4C가 중요하다."라고 강조했다.

한편 일본에서 생활하다 보면 일본 젊은 청년들이 쉽게 접할 수 있는 책이나 영상, 노래 등 흔히 접할 수 있는 기독교에 관한 자료가 별로 없다. 설령 있다고 해도 매우 극소수이며 직접 찾지 않으면 구하기 힘들다. 일본 청년들을 대상으로 그들이 거부감 없이 쉽게 받아들일 수 있는 대중적인 선교 자료들이 많이 필요하다고 생각한다. 가스펠 콘서트와 같은 청년 학생들이 많이 모일 수 있는 행사를 기획하는 것도 좋을 것 같으며 무엇보다도 음악, 여행, 음식 등의 현장자료를 활용하여 청년 리더들을 키워내는 실질적인 접근이 필요하다.

(3) 일본교회의 자립과 부흥을 위해 돕는 역할

지금으로부터 약 450년 전 일본은 프란시스코 자비에르의 선교로 당시 인구 3%까지 크리스천 인구가 성장한 적이 있으나 그 후 250년 간 계속된 대박해로 일본의 기독교는 그 자취를 감출 정도로 쇠퇴해진 역사가 있다. 그리고 2차 대전 후에도 맥아더 사령부 진주 이후 한 때 교회는 성장하는 것 같았으나 성장동력은 힘을 잃고 기독교의 '정체' 와 '쇠퇴' 현상에 직면하게 되었다.

일본은 개신교 선교 150년이 되었지만 일본교회가 직면하고 있는 현실은 기독교 인구가 1억 2천만 명 중 약 60만 명으로 아직 일본 전체인구의 1%에도 못 미치는 복음화의 벽은 쉽게 허물어지지 않고 있다. 이러한 가운데 스웨덴, 스위스, 남침례교단 선교사 등이 철수하거나 혹은 선교사 파송 중지 결정을 내림으로써 외국인 선교사의 무덤임이 다시 한번 입증되고 있다. 일본은 기독교선교의 난공불락의 성인가?

이러한 일본선교의 쇠퇴의 배경과 정체요인의 하나로서 우리 자체 내의 구조적 체질 혹은 문제점에 대해서 살펴보자. 즉, 선교지의 어려움을 혼자서 해결하려는 노력의 한계, 즉 각개전투형 사역에서 찾을 수 있다, 선교사 혹은 목사 한 사람이 교회의 모든 짐을 혼자 지고 가는 사역구조가 대부분이다. 그러므로 재정의 개인부담과 사역비 충당의 부담으로 인한 스트레스, 장기적인 전략을 세울 만한 팀워크와 재정확보의 어려움 등이 중첩되어 결과적으로 일꾼생산과 합당한 열매가 없다. 그러므로 세월이 지남에 따라 초조해지고 손에 남는 것이 없어 사역의 단절이 발생하며 중도에 좌절하게 되는 면을 지적할 수 있다.

이와 더불어 일본선교에 있어서도 선교사 개인이 자신의 '성'을 쌓는 사역을 하는 경우이다. '협력'이라는 말을 언급하는 자체가 우스운 노릇이다. 2009년 1월, 서울의 제자훈련으로 유명한 교회의 O목사가 대일본교회를 향하여 사과문을 발표한 충격적인 일이 있었다. 그 사과

문 내용 가운데 "…오랫동안 지원하고 믿었던 B목사가 자신의 '성' 쌓는 사역을 하고 있다는 것을 나중에야 알았다."[141]라고 고백한 것을 보았다. 이 사건은 일본에다 지난 10년간 매년 1,000명의 목사 대상의 제자훈련실시 등 거의 30년간을 제자훈련에 지원한 결과가, 제자훈련 지도자의 윤리문제로 인하여 일본선교의 또 다른 방해와 두꺼운 벽에 부딪치는 순간을 맞이한 것이다.

일본교회의 자립과 부흥을 진정으로 돕기 위한 희망을 찾기 위하여 오늘 우리 주위에 벌어지고 있는 '실상'을 필자는 이야기하고 있다. 또 다른 어두운 현실이 다음과 같이 우리를 기다리고 있다. 가까운 장래에 약 1,000여 개 교회에서 무목사(無牧師) 현상이 나타날 것이라는 예상이다. "10년 후의 일본교회의 미래는 어둡기만 하다.", "선교의 한계를 노출한 것처럼 보인다." 많은 선교 지도자들이 이런 지적을 계속하고 있다. 더 큰 문제는 오늘의 이러한 일본의 기독교 쇠퇴현상을 타파할 만한 해결책이 보이지 않는다는 데 있다. 우리는 어디에 일본선교의 희망을 걸어야 하는가? 실패에도 전략이 필요하고, 성공에도 전략이 필요하다. 전략의 시작은 돈이 아니라 좋은 자세에서 시작한다고 말할 수 있다. 지금 이 위기적 상황은 지금까지 진행되어 온 각개전투형, 용두사미형, 폐쇄적 '선교'를 뒤돌아보고 건강한 '선교 혹은 사역공동체' 등장을 기대하는, '새출발'의 마음가짐이 필요함을 가르쳐 주고 있다.

일본 기독교 '0.5%'의 현실에 좌절하기보다는 "이에 그들의 마음을 열어 성경을 깨닫게 하시고"(눅 24:45) 성령의 역사를 믿고 다시 일어나 끝까지 인내하면서 어려운 난관을 극복하고 살아 남아 일본선교

---

141) 한 개인 사역자의 '윤리적' 실수로, 한국교회 지도자가 일본교회 앞으로 사과문을 냈다는 사실을 통해서 우리는 중요한 사실 하나를 발견할 수 있다. 일본인이 이 문제를 어떤 식으로 보고 있느냐 하는 점이다. 즉, 일본인 눈으로는 B목사의 성적인 추문보다는 그가 외국인으로 일본에 와서 자신의 '성'을 쌓는 행동은 '명예스럽지 못한 행동'으로 보았을 것이라는 점이다. 바로 이 점에서 한국 선교사들이 착목·주의해야 할 문제의 본질이라고 생각한다. 성적인 추문 사건은 예외적인 것이지만 '성' 쌓는 식의 일본사역은 우리 주위에서 흔히 볼 수 있는 현상이다.

0.5%의 벽을 깨려는 실질적인 방안을 마련해야 함을 가르쳐 주고 있다. 최소한 일본인들의 어려움을 이해하고 그들이 성공하도록 도우며 함께 일하려는 마음가짐을 갖기만 해도 절반은 성공한 셈이다.

현재 일본의 목회자 없는 1000여 개 '무목사교회'에 대한 대책으로 고(故) 김준곤 목사는 일본크리스천 신문사 타고회장에게 "한국의 500명의 젊은 목사들을 일본교회와 현지네트워크를 활용해서 이들을 인턴십 과정으로 목회자가 없는 일본의 지역교회에 파송해서 일정 기간 목회를 하게 하는 방안을 찾아보는 것도 좋겠다."라고 2008년 10월 그의 생전에 제안한 적이 있다. 일본선교의 어두운 미래를 밝힐 수 있는 좋은 제안 중의 하나라고 생각한다.

구원준 선교사는 1999년 1월, 동경에서 있었던 동경금식기도 성회를 준비하고 있을 때, 어떤 일본 목회자로부터 다음과 같은 말을 직접 들었다고 한다. "한국교회의 도움이 없이 일본교회 스스로의 힘만으로

사진1) 김준곤 목사와 일본 '생명의 말씀사' 타고회장 대담.

는 일본 복음화는 불가능하다."라고. 이 말은 한국교회가 도와주면 가능하다는 말이다. 바꾸어 말하면 일본 복음화는 한국교회에 의해서 가능하다는 말이다. 처음에는 반신반의했으나 지금은 그의 말이 분명한 사실임을 알 수 있다. 그의 말이 맞는다면, 문제를 개별적으로, 단편적으로 단기적 접근 방법 혹은 '성장 세미나' 도입 정도로 풀 수 있다고 생각해서는 안 된다. 그러면 어떻게 할 것인가? 몇 가지 조건이 있다.

첫째, 한국교회와 일본교회가 뭉쳐서 일하는 수밖에 없다는 확신이 있어야 한다.

둘째, 한국교회나 선교사들이 나서서 하려고 하면 안 된다.

셋째, 일본교회가 스스로 복음화를 할 수 있도록 한국교회와 선교사들이 일본교회를 섬기고 도와주려고 해야 한다. 그러면 가능할 것이다.[142] 한일교회가 서로 신뢰하고 약속한 바를 책임지는 성숙한 관계 속에서 함께 일해 가면 가능한 것이다. 서로가 함께 일본 복음화의 과업에 부딪쳐 가면서 같은 믿음의 여정을 걸어가는 방법으로 가능한 것이다. 바로 여기에 한국교회의 나아갈 방향이 있고 한국인 선교사들의 역량을 강화시키는 길이다.

일본교회의 현재 실태는 청년이나 헌신한 자들이 부족하다. 그러므로 한국의 헌신자들이 작은 불꽃이 되어 일본인들에게 큰 불이 될 수 있도록, 즉 일본인들이 자립할 수 있는 힘을 가질 수 있도록, 스스로 일어날 수 있도록 격려해야 한다.

최근 한국교회가 일본선교를 위해 대대적인 지원을 하고 있다. 한국교회는 일제시대에도 공산주의 치하에서도 확고부동한 태도로 크리

---

[142] 다른 사람을 도와주는 것은 대단히 어려운 것에 속한다. 그러므로 지혜로운 방법이 필요하다. 도와주는 사람도 당당하고 소신껏 할 수 있어야 하고, 그리고 도움을 받는 사람도 기쁘고 감사하게 그것을 허락하는 환경 속에서 도움을 주고받는 것이 서로에게 가장 유익한 방법일 것이다. 한국 사역자의 입장에서도 무조건 '일본인 속'에 들어가서 일방적인 봉사만 요구받는 것을 바라지 않을 것이다. 이와 같은 의도들은 말은 쉽지만 너무도 어려운 부분이다. 한국인 선교사의 일본에서의 과거의 경험과 실패를 교훈 삼아 일본 스스로가 힘을 내도록 그들 스스로 돕는 일을 '소신껏' 할 수 있는 환경과 간증을 만들어 나가야 한다는 취지이다.

스천으로서 행동한 것이 한국인들에게 많은 신뢰를 주었다고 생각한다. 이와 같은 배경 속에서 적극적 전도가 가능했으며 인구 20%에 이르는 기독교 인구를 확보했다. 이에 반하여 일본교회는 도요토미 히데요시, 도쿠가와 이에야스의 박해, 메이지유신 이후 천황제와 신토의 영향으로 기독교에 대한 알레르기 반응을 가지고 있다. 이 때문에 메이지유신 이후 크리스천들은 조심스럽게 선교활동을 해 왔다. 그 결과 우치무라 간조, 야마무로 군베이, 카가와 도요히코 등과 같이 일반 국민으로부터 신뢰받은 오피니언 리더들이 탄생하였다. 이런 가운데 1970년대 도입된 교회성장론이 풀러신학교와 한국에서 성장한 대형교회의 교회성장 세미나 중심으로 일본교회에 소개되었지만 그들의 뜻과는 달리 건전한 역할을 하지 못하고 자신을 비대화시키는 (수적으로 많은 것이 좋다는, 오해된) 측면도 없지 않다. 과장된 신앙과 잘못된 열심이 때로는 오랜 역사 속에 쌓아온 신용을 한순간에 무너뜨리는 위험마저 도사리고 있으며 막대한 손해를 초래하는 경우도 있다. 이와 같은 현상이 일본교회 안에서도 예외적인 것이 아님을 알 수 있다.

　일본부흥은 외부 선교사로부터 오는 것이 아니라 현지교회와 그리스도인들이 스스로 일어설 수 있는 힘을 얻을 때 가능한 것이다. 일본교회가 자립하여 부흥의 때를 현지교회와 그리스도인들이 만들어 나갈 수 있도록 선교사들은 돕는 자의(참으로 지혜로운) 역할을 수행할 필요가 있다. 한국인 크리스천의 열정과 행동력은 대단한 장점이며 하나님이 한국교회에게 주신 것이다. 그러나 열정만 앞서 일본의 문화나 예의를 무시하고 오히려 일을 그르치는 경우가 있는데, 문제는 '개선' 해 나가면 된다. 일본인의 치밀함과 절제된 한국인의 열심이 연합하여 좋은 모델이 나온다면 얼마나 좋겠는가!

　한국과 일본은 오랜 역사적인 문제로 인해 어찌 보면 가까워지기 힘든 사이이다. 인간적인 마음을 품고 있다면 그렇지만 믿음이 있는 사람이라면 우선 사랑의 마음을 갖는 것이 가장 중요하다고 생각한다.

'서로 사랑하라'라는 말씀을 붙잡고 그들도 우리와 동일한 영혼이라는 존재로 그들을 본다면 그동안 벌어진 차이와 증오의 마음을 뛰어넘을 수 있으리라 본다. 일본에서 한국교회를 키우려는 것이 아니라 일본교회와 더불어 협력하며 일본교회와 일본인을 살리기 위해서이다. 동역하는 팀을 만들고 일본인 스스로가 전도하며 자기민족을 복음화할 수 있도록 돕되 서로 가진 것을 나누며 일본인과 더욱 많은 교제와 신뢰 속에서 일해야 한다. 이것을 일컬어 '삶을 사는 방법으로 선교한다.'라고 말할 수 있다. 일본인들이 힘을 얻고 깨어 일어나 자신의 국민들에게 전도해야 하지만 아직 전도의 방법이나 마음이 부족할 때에는 그것을 회복시키고 자신감을 가질 수 있도록 하는 일을 한국 기독교와 선교사들이 감당해야 한다.

다시 말하지만, 일본선교의 진정한 의미의 부흥이 찾아오는 것은 일본인들이 스스로 성장할 수 있는 힘을 갖게 될 때 가능한 것이다. 한국교회가 열정과 행동력이 있다고 해서 한국인들만이 전도에 힘쓰거나 그들을 가르치려 하는 것이 아니라 일본선교에 대한 불타는 소명과 사명감뿐 아니라 그들을 오래 참음으로 사랑하는 마음을 가지고 그들의 유익을 우선으로 함께 협력해 나갈 때 가능하다. 선교의 기술, 자금, 교육세미나, 자신과 하나님과의 올바른 관계에 선 크리스천으로서의 순수하고 아름다운 성품과 삶을 통해 그들은 가장 크게 격려 받으며, 결국 전도의 일꾼으로 세워지리라 본다. 전도하지 않으면 안 된다는, 즉 전도를 의무라고 생각하는 일본 크리스천들을 돕는 가장 좋은 방법이다. 일본의 토양에 맞는 전도와 격려방법의 한 '힌트'와 한국교회도 같이 발전하는 '비결'이 여기에 있다. 이와 같은 정신으로 그들과 같이 기도하고, 문제를 위해 싸우며, 고난을 같이 나누며 동역해 나가면 그들이 스스로 일어나 교회의 자립과 부흥을 위해 힘쓰는 날이 올 것으로 확신한다.

(4) 한일연합선교 전략과 글로벌 네트워크 구축

일본교회의 자립과 부흥을 위해 돕는 한국교회와 선교사들의 역할에 대해서 말했다. 한일연합선교 전략과 글로벌 네트워크 구축을 위해서도 위에서 언급한 사랑하는 마음, 곧 그리스도 예수의 마음(빌 2:5)이 필요하다. 또 다른 사랑의 표현으로 한일이 동등한 입장에서 일하는 상생 자세의 확립이라고 말할 수 있겠다. 주님은 한일교회가 복음으로 함께 일하며 화해의 간증을 만들기를 원하신다. 이 간증은 일본 안에서뿐 아니라 더 나아가 아시아 그리고 또 다른 지역에서도 만들어져야 한다. 서로를 인정하는 두 파트너-한국과 일본이 일본 복음화 그리고 글로벌 선교를 위해서 연합 네트워크를 구축하는 일을 해야 한다.

일본과 한국은 공동선교 혹은 연합선교에 있어서 가장 적합한 나라이다. 한일간의 성격이나 색깔의 차이가 있기 때문에 일본인 선교와 전도는 역시 일본인이 가장 적합하다고 생각되지만 일본 국내에는 선교에 대한 헌신자가 적고 아직 힘이 부족한 상태이므로 이 점에 착안하여 한국교회와 선교사들이 그들을 섬겨 줄 수 있어야 한다. 스즈키 선생이 말했듯이 "한국의 훌륭한 영성과 열심이 주 예수의 겸손함을 가지고 일본의 문화 안에 소프트 랜딩해 큰 성과"를 만들어 낼 것으로 본다. 그리고 이와 같은 간증이 더 나아가 아시아의 미전도지에서도 만들어져야 한다. 이런 의미에서 상생 협력을 위한 글로벌 네트워크 구축이 필요하다고 말한 것이다. 이 책의 마지막 결론부에서 이 점을 일본선교의 4번째 급소라고 표현했다. 일본과 세계선교를 감당하려는 한국교회의 영광스러운 봉사의 문이 더 크게 열릴 것으로 기대한다.

제7장_ 일본 복음화 전략과 글로벌 선교네트워크

이 장은 위에서 강조해 온 한일연합선교전략을 통한 글로벌 네트워크 구축의 실례를 살펴봄으로써 일본교회의 자립과 부흥을 돕는 형식으로 일본선교에 힘쓰고 있는 후쿠오카 CCC 복음센터 구원준 선교사의 사역을 중심으로 기록된 것이다. 이를 바탕으로 구체적인 한일연합 상생선교전략을 도출해 낼 수 있을 것이라 확신한다.

제7장. 일본 복음화전략과 글로벌 선교 네트워크

1. 후쿠오카 CCC 복음선교센터 설립과 일본선교 전략

우리는 유·무선 융합 초고속 인터넷망이 세상 곳곳을 거미줄처럼 연결하고 있는 유비쿼터스 시대에 살고 있다. 초고속 인터넷 디지털 통합 커뮤니케이션(Unified Communication) 시스템은 상대방이 어떤 단말기(TV, 휴대폰, PC)를 가지고 있든지 24시간 365일 끊임없이 교신 가능한 통신환경을 제공해 줌으로써 그야말로 시간·지역·공간·방법·조직의 제약을 초월하고 있다.

이와 같은 변화는 국가 간, 지역 간의 경계를 허물고 정보의 공유, 개방, 참여, 협력으로 사람들을 사회적 네트워킹이 가능하도록 우리를 이끌어 주고 있다. 글로벌 선교의 문을 열려는 우리에게 있어서 이것은 더 말할 나위 없는 하늘이 주신 기회이다. 우리는 글로벌 선교를 위해 이와 같은 기술적 변화를 세계선교 완성을 위해 더없는 '순풍' 으로 알고 활용할 줄 알아야 한다. 몇 년 안에, 남미나 심지어 아프리카 정글에서 개인이 가진 휴대전화 단말기로 동영상을 촬영하여 실시간으로 현장을 중계하여 보내오는 선교현장의 동영상 선교장면과 정보를 서울이든, 후쿠오카에서든, 뉴욕이든, 동경, 나가노에서든 일꾼들과 후원자들이 동시에 모니터를 공유하면서 함께 통성기도로 '글로벌 선교전략' 을 짜는 시대가 다가올 것이다.

따라서 향후 선교는 조직, 혹은 '글로벌적 상생의 운명공동체' 라고 칭할 수 있는 '메커니즘' 안에서 일꾼들이 자유롭게 일할 수 있는 '수용 태세' 를 갖추어 놓은 가운데 진행되는 것이 바람직하다고 본다.

일본 후쿠오카센터는 이러한 글로벌 시대변화에 부응하기 위한 방안의 일환으로 2003년 8월 일본 후쿠오카 공항지하철역 근처에 위치한 하카타그리스도교회 정문 바로 옆에 있는 116평 토지를 3,000만 엔에 구입하면서 시작되었다. 이 센터는 일본관련 모든 선교사역을 계획하고 지원하는 사랑방본부이며 선배 선교사들이 후배 선교사의 길을 열어 주고 한국으로부터 파견된 중장기 선교사들의 일본어 학습과 이문화 적응을 돕기 위하여 2004년 5월에 건축되었다.[143] 한국에서 파견된 선교사들은 이곳을 거쳐 일본 내 '대학 캠퍼스', 혹은 '미전도지 1,734개 지역'으로 파송되며 파송된 곳에서 성공적인 사역을 감당할 수 있도록 돕는 베이스캠프 역할을 담당하고 있다.
　이 센터의 설립은 지금부터 18년 전 오사카에서 '뉴라이프'[144] 단기선교를 준비하는 형제들의 숙박 장소가 없어 빌린 건물에 월 300만 원 정도의 비싼 임대비를 5년간 지출하고 있을 당시부터 싹트기 시작하였다. 이 출혈을 견디지 못한 구 선교사는 "주님, 조금 여유만 주시면 이 센터 하나에서 시작하여 이것을 바탕으로 사랑방 센터를 낳는 암탉으로 삼아 도쿄와 오사카를 포함하여 일본도처로 번지게 하며 일본 복음 전파와 기독교 성장에 헌신하고 싶습니다."라고 기도했다고 한다. 그

---

[143] 사랑방은 김준곤 목사의 순론에서 시작된 것으로 가장 효과적으로 그리스도의 제자를 키울 수 있는 (문자 그대로) 사랑과 살아 있는 삶의 교육이 숨 쉬는 환경이다. 그리고 이 장소는 오늘날 한일 젊은 청년들 속으로 자연스럽게 그리스도의 복음과 사랑의 메시지를 효과적으로 전달할 것을 목적으로 하는 신앙교류·생활교류·문화교류의 장소이기도 하다.

[144] 「새생명(New Life)」은 국제 CCC가 세계복음화를 위하여 지역교회와 선교지 일꾼들을 지원하기 위해 만든 프로젝트의 명칭이다. 특히 일본에서는 1991년부터 한일교회와 CCC가 협력하여 청년대학생 문화 및 신앙교류를 통하여 한일화해와 일본교회 성장 및 복음화에 공헌하고자 하는 목적에서 진행되어 왔다. 사역방법은 매년 여름과 겨울방학을 이용하여 오사카 지역의 각 교회에서 2주간 동안 숙식하면서 개인전도와 예수영화 상영, 스포츠 선교 등을 통해서 복음을 전파하고 새로운 결신자들을 그들이 살고 있는 현지 지역교회에 연결시켜 주는 방식으로 지역교회 전도에 많은 노력을 해 왔다. 1991년 오사카에서 시작된 이 사역은 같은 해 400여 명을 시작으로 1992년에는 2,000명, 1993년에는 1,000여 명 등 2008년 현재까지 총 17,000여 명의 일꾼들이 일본 전국의 1,000여 개 교회(16개 교단)의 협력으로 진행되어 왔다. 현재 이 운동은 명실상부한 한일화해와 일본 미전도지 교회개척 운동을 통한 일본 복음화 운동에 크게 기여하고 있으며 더 나아가 한일은 물론이고 아시아 선교협력의 비전으로까지 발전하고 있다. 현재는 김안신 목사가 새생명 일본 단기선교의 전국 코디네이터로 수고하고 있다.

사진1) 후쿠오카 센터 전경

기도가 응답되어 오늘에 이르렀다. 이 센터의 총 면적은 153평이며 30여 명의 인원수용이 가능한 남녀 사랑방 2개와 같은 크기의 일본인 대상 훈련 숙소 2개, 약 5평 크기의 다락방 기도실 4개를 갖추고 있다.

2004년 5월, 헌당식을 가졌을 때 김준곤 목사는 "선교사들의 무덤이라고 불리는 일본에서 순수한 한국 선교사들의 땀으로 선교센터가 문을 열었다."라고 하면서, "한국인의 눈으로, 일본인의 입장에서 전혀 새로운 선교 모델을 제시하게 될 것"이라고 말했다. 일본 〈크리스천 신문〉은 이 헌당식 기사를 다루면서 '일본선교의 벽을 깨는 도전'이라는 제목을 달아 주었다. 아직은 우리 입장에 어울리지 않은 거창한 이름이지만, 이 장소가 그런 뜻과 목적으로 쓰이기를 바라는 마음은 간절하다. 현재 후쿠오카 센터에는 10여 명의 선교사 그룹이 일본 전역 중장기 사역들을 지원하고 있으며 한국 선교사들과 함께 일본선교의 돌파구를 모색하기 위한 모델을 구축하기 위해 노력하고 있다.

〈그림 1〉 후쿠오카 센터의 선교전략 네트워크 그림

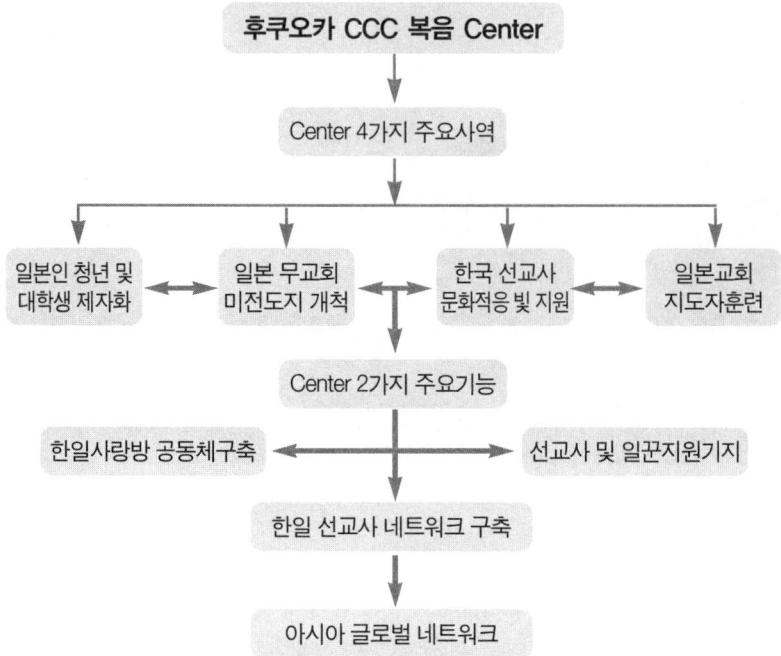

　후쿠오카 센터에는 크게 4가지 사역과 함께 2가지 기능으로 나누어서 설명할 수 있다. 〈그림 1〉의 선교전략 네트워크 모델에서 설명하고 있는 바와 같이 복음센터의 4가지 주요 사역은 일본인 청년 및 대학생 대상의 캠퍼스 제자화 사역, 일본 전역의 무교회 미전도지역 교회개척 지원사역, 한국의 중장기 선교사들의 타문화 적응 및 지원사역, 일본교회 지도자 훈련사역 등으로 구분된다.
　복음센터의 2가지 기능은 한일형제들이 함께 생활하며 신앙을 배우는 사랑방 공동체 기능과 한국에서 파송된 일꾼들의 사역 및 필요한 정보 지원 등이며 한국에서 파견된 간사, 선교사, 혹은 한국교회의 교단과 선교사역을 추진할 때 현지 네트워크를 연결하여 협력하고자 하는 목적에 따라 기능하게 된다.

또한 주요사역의 지원범위는 일본 국내에 한정하는 것이 아니고 아시아 및 글로벌 시대에 맞는 세계 선교사 네트워크 구축에 이르기까지 그 비전과 지원범위를 확대할 계획이다. 그 이유는 일본사역에만 한정되어 있으면 일본 안에 매몰될 위험이 있으며 글로벌 시대 일본선교 이후의 사역단계의 큰 그림이 보이지 않기 때문이다. 일본인들이 세계선교에 눈 뜨도록 돕고 그들과 같이 아시아로 가야 하며 이것이 현재의 일본사역을 더욱 건강하게 만든다고 보고 있다. 왜냐하면 일본선교는 세계 선교 네트워크 안에 연동된 채로 우리 세대 안에 함께 성취해야 할 과업이기 때문이다(행 19:26). 일본에서의 지속가능한 재생산·재개척 사역이 세계 선교와 '결부'되어 글로벌적으로 발전되어 가는 형태인 글로벌 세계 선교사 네트워크 구축에 이르기까지 발전되어 가는(사도행전적) 목표를 갖고 있다. 그러면 주요내용에 대하여 좀 더 상세히 살펴보기로 하자.

2. 자립자생과 한일연합 상생선교 전략 모델구축

구원준 선교사는 일본 CCC 재생을 위해 1985년에 일본으로 파송된 이후 오사카 CCC 개척, 뉴라이프 사역과 후쿠오카에서의 오늘의 사역에 이르기까지 많은 형제자매들과 교회와 후원자들이 베풀어 준 변함없는 '사랑'과 '격려'와 '후원'으로 여기까지 왔다고 고백하고 있다.[145] 그리고 그는 일본선교에 헌신해 온 오랜 경험을 통하여 "일본 복

---

145) 구원준 선교사는 24년 전 일본 CCC의 재생을 위해 파송되어 온 이후 열심과 기도, 그리고 시행착오와 많은 고민 등이 뒤범벅이 된 채로 목표를 향해 달려오면서 잃어버린 것들과 실패한 것에 대해 반성하고 지나간 경험과 교훈을 새롭게 회복하고 싶은 마음에서 이렇게 주장하고 있다. 특히 일본사역을 새롭게 시작하려는 후배들이 과거의 시행착오를 거듭하지 않으면서 효과적인 선교사역을 감당할 수 있도록 돕고 싶은 마음을 갖고 있다. 현재 일본 CCC는 40여 명의 일본인 간사로 발전하고 있다. 2년 전에는 상당한 액수의 모금을 하여 동경학생 센터를 세웠으며 자신의 나라 복음화를 책임지는 일꾼들을 더 많이 키우며 발전해 나아갈 것으로 기대하고 있다.

음화를 돕는 참된 길은 후배 선교사, 그리고 일본교회 '그들' 이 열심히 할 수 있도록, 혹은 그들이 '스스로' 할 수 있도록(Let them do) 도와줌으로 성공으로 이끄는 것에 있다."[146] 라고 잘라 말한다. 이러한 일본선교의 실천이 가능한 사람이란 결국은 "선교의 마지막 '승리' 를 믿고 선교의 전략적인 네트워크를 구축하며 협력자들과 함께 일본 복음화와 글로벌 지상명령 성취에 공헌하면서 후배들과 일본교회의 사역의 결과로 꽃을 피우려는 사람으로 '영적 승법 번식'[147]의 중요성을 알고 있는 사람"이라고 정의하고 있다.

또한 그는 무엇보다도 일본에서 몸소 경험했던 그릇된 길을 후배들이 피해 가도록 도와야 한다고 생각하며 누군가는 건너야 하는 일본 복음화의 강을 건널 수 있도록 돕는 징검다리가 되어야 한다는 사명감을 가지고 있다. 그는 선교하기 힘든 일본 땅에서든 아니면 세상 어디에서든 하나님의 지지[148]와 도우심을 믿으며 승리할 수 있는 길이 있다면 그 길이 바로 징검다리 역할을 하는 길이라 굳게 믿고 협력선교의 간증을 만들어 가며 후배들의 진로를 여는 '다리' 의 역할을 하고 있다. 그리고 '일본 500대학 사역 오픈 비전' 과 '한일 아시아협력 선교의 장을 여는 비전' 을 확고히 가지고 고삐를 늦추지 않고 있다.

마지막으로 그는 마침내 한국교회가 일본 복음화에 있어서 중심적 위치를 차지하기 시작했으며 한국인 선교사가 이 역할을 충분히 감당할 수 있을 것이라는 확신과 거기에 동참하는 일본 및 세계 동역자들의

---

146) "어진 사람들은 자기가 서고자 하면 남도 서게 하며 자기가 달성코자 하면 남도 달성케 해 준다(夫仁者, 己欲立而立人, 己欲達而達人, 논어 6-28)."
147) '영적 승법 번식' 이라는 것은 주님의 지상 명령이 '가서 모든 족속으로 제자를 삼으라(Making disciples).' 는 것을 잘 알고 있다. 그런데 '명령' 을 주신 이는 그 명령을 성취시킬 '방법' 까지 주셨다. 그 '방법' 을 가장 구체적으로 알기 쉽게 표현한 곳이 디모데후서 2장 2절이다. "또 네가 많은 증인 앞에서 내게 들은 바를 충성된 사람들에게 부탁하라. 그들이 또 다른 사람들을 가르칠 수 있으리라." ('바울', '디모데', '충성된 사람' 그리고 '또 다른 사람' 으로 이르기까지 '영적 4세대' 를 형성하는 배가번식이라고도 한다. 그러므로 제자를 삼으라는 명령은 지상명령인 동시에 그것을 수행하는 최고의 방법 (영적 승법 번식)이라고도 말할 수 있다.
148) 바른 길로 행하는 자는 그 걸음이 평안하려니와… (잠 10장 9절).

결의와 협력을 더 강화시킬 필요가 있다고 말했다.[149]

그는 2009년 10월 10일, 일본 크리스천신문사 서울지국개설을 기념하는 선교세미나에서 「한일교회 연합 상생선교전략」을 발표했다. 한국교회의 일본선교에 대한 공헌방안 중의 하나로 일본 현지 선교역량을 강화시키는 일에 기여하고자 제안한 것이다. 사진2)에 나타난 바와 같이 이 그림은 마케도니아(Macedonian Project) 협력사역[150]의 한 모델로서, 한일이 협력하여 선교하는 '선교공동체' 구축이라는 구상을 담고 있다. 이것은 글로벌시대 변화무쌍하고 다양한 세상에서 일본선교를 대비하며, 전략적 협력관계를 구축하여 일본이 세계복음화에 공헌하는 한국교회 선교의 한 전략으로서, 한일교회가 하나되어 선교하는 '선교공동체' 의(무지개 네트워크) 그림이라 할 수 있다.[151]

한일 무지개 공동체 네트워크에서 강조하고 있는 핵심내용은 몸 안의 각 세포와 혈관 속으로 피가 통하듯이 일꾼, 재정, 정보, 환경(상황) 등이 필요한 곳에 원활히 공급되어 함께 공유하면서 전략적인 선교협력(Collaboration) 네트워크를 구축하는 것이다. 여기에 자발적으로 동참하는 주인의식을 가진 분들에 의해 협력사역의 다양한 프로젝트들이 만들어지게 된다. 또한 참가한 분들이 자신의 개성과 컬러를 가지고

---

149) 일본교회는 자신들의 필요에 급급할 뿐 아니라 우리 학생들의 진로를 걱정해 줄 만큼 여유가 있는 것이 아님을 잘 알고 있다. 일본교회의 현실과 한계인지도 모른다. 그래서 어떤 이들이 말하는 것처럼, "주님이 우리를 보내셨다."고 말하면서 한국식으로 한다고 되는 것도 아니다. 겸손하게 섬기면서, 그들이 할 수 있도록 용기를 주고 신뢰를 쌓으며 함께 '선교의 합작품'을 만들어 나가는 수밖에 없다. 시간이 걸리고 어려운 길이지만 우리 앞의 닫힌 문을 여는 유일한 '키' 라고 생각된다.

150) 마케도니아(Macedonian Project) 협력사역은 사도행전 16장 9절의 미전도지에서 들려오는 성령과 마케도니아인의 음성에 부응하기 위하여 교회와 선교단체들이 교파와 단체를 초월하여 협력하려는 운동 중의 하나이다. 한국교회와 일본교회 일꾼들을 동원하고 그들과 같이 협력사역의 모델을 창조하려는 목적을 갖고 있다. 이 사역의 핵심은 '그들이 전도하고 제자화되도록 우리의 가진 것으로 돕고 협력' 하는 데 있다. 이 일은 1991년 '뉴라이프 오사카' 단기선교에서 시작하여 '예수 캐라반 사역', 그리고 '교회개척 지원사역'에 이르기까지 협력의 장이 더욱 확대되어 가고 있다.

151) 자신의 사역 색깔을 유지하는 것만으로는 아직 '부족하다' 라고 여기며 더욱 나아가 자신의 사역의 컬러를 유지하면서도, '무지개' 사역, 즉 빨강, 주황, 노랑, 초록, 파랑, 남색, 보라색 등의 다양한 사역의 '색깔' 들이 서로 조화를 이루면서 효과적인 복음전도의 진보를 이루려는 바램을 담고 있다. 이것을 일컬어 에베소서 4장 16절에서 말하듯이 주님의 '몸' 을 이루는 사역이라고 부를 수 있을 것이다.

사진2) 한일무지개 공동체 네트워크

만들어 가는 또 다른(Another) 사역은 이것보다 훨씬 다양하고 풍요로워질 수 있다. 서로가 '개별적 성공'을 이룬 후에도 서로 교통, 연동, 호환, 상생하면서 결과적으로 생명 유기체적인 '그리스도의 몸(교회)'을 이루는 사역을 함께 수행해 가야 한다. 이 사역의 핵심은 각자의 몸 안의 각 세포들과 기관이 유기적으로 통하고 연합하여 조화롭고 건강한 몸을 형성하듯이 조화된 무지개 사역을 이끌어내는 데 있다. 이 사역의 모델은 한일교회의 연대 속에서, 캠퍼스(Campus), 공동체(Community), 교회개척 지원(Coverage) 등 3C사역을 종합하여 운영하고 있는 후쿠오카 센터이다. 그는 "이와 같은 기능을 감당하는 또 다른 '복음센터' 혹은 '선교구조'들이 일본에 7개 정도 있어, 동일한 사역 네트워크를 구축하며 전략적 제휴와 협력을 나누는 선교공동체가 된다면 우리가 바라는 일본 복음화, 즉 일본교회의 부흥과 성장 그리고 세계 선교에 크게 공헌하게 되리라 본다."라고 말했다.[152]

3. 일본 사역현장에서의 선교활동과 한일협력사역

1) 일본 청년 대학생의 캠퍼스 및 제자화 사역

이것은 일본에서 반드시 청년 대학생들이 제자로 양성되고 그들이 내일의 교회기둥으로 자라나는 사역을 말한다. 이것은 일본교회를 대내외적으로 더욱 건강하게 만든다는 중요한 사안임을 교회 지도자들이 기억하고 교회선교의 중요한 우선 순위를 갖도록 할 필요가 있다.

젊은이들이 크리스천으로서의 정체성(Identity)을 확고히 가지고 헌신과 봉사활동을 수행하여 이러한 사역이 '학생시절에만' 신앙생활에 머물러 있던 일본선교의 '속박'과 '한계'를 벗어나 한층 일본교회와

사진3) 후쿠오카CCC 캠퍼스 및 마케도니아 프로젝트 사역자들

---

152) 최근에 평택에서 목회하다 은퇴한 L목사가 후쿠오카 센터를 방문하여 은퇴 후 일본에서의 '사역진로'를 의논하던 중 그는 임진왜란의 발진기지가 있었던 카라츠 시에 자신의 친구들인 또 다른 은퇴 목회자들과 힘을 합쳐 교회를 개척하려는 뜻을 세우고 협력을 요청한 일이 있다. 일본의 미전도지에서 은퇴 목사들의 연합에 의한 또 다른 새로운 일이 일어나려 하고 있다. 얼마나 신나는 일인가? 후쿠오카 센터는 이와 같은 일이 성공할 수 있도록 지원할 생각이다.

청년들이 세계복음화에 공헌하는 사역으로 성장해 가야 한다. 일본 청년대학생의 제자화 사역 및 학생운동의 성공은 결국 일본교회의 선교역량을 강화시켜 줄 것이다. 후쿠오카 캠퍼스 사역의 현장에는 김남인 간사 외 4명의 스텝과 2명의 자비량 선교사를 중심으로 후쿠오카대, 큐슈대, 산업대, 국제대에서 활동 중이다. 최근 후쿠오카 CCC 사역에 반가운 일이 하나 생겼다. 2010년 큐슈대를 졸업하는 Y형제가 일본 CCC 간사로 자원한 일이다.

2) 예수 캐라반 및 미전도지 교회개척 지원사역

대학생에 의한 '무교회 지역 교회개척 지원사역'은 원래 예수 캐라반 사역에서 시작된 것이다. 뉴라이프(New Life) 단기선교에 참가한 CCC 및 지역교회 일꾼들 가운데 좀 더 중장기적으로 일본선교를 위해 봉사하고자 하는 이들을 중심으로 팀을 결성한 것이다. 이 사역은 일본 현지에서 아직까지 교회가 없고 전도지조차도 뿌려진 적이 없는 곳을 찾아다니며 예수영화를 상영하거나 테이프를 가가호호 방문하며 배포하는 사역을 말한다. '캐라반 전도대'는 4~6명으로 구성되어 있으며 기본적으로 예수영화 배포와 상영을 하면서도 숙박하는 교회에서는 기도회 인도, 태권도, 찬양인도, 간증을 하며 때로는 전도훈련도 가능하도록 훈련된 전도 기동대(Task Force)이다. 지난 6년간 300여 명의 예수 캐라반 일꾼들이 150여 교회에서 숙박하면서 '무교회 미전도지'의 70

사진4) 예수 캐라반 전도활동 보고서

만 가호를 방문하여 예수영화 테이프와 전도지 배포의 봉사활동을 수행했는데 이것을 일컬어 '커버리지(Coverage) 사역'이라 부른다.

이 사역은 단기선교에 참가한 이들을 중심으로 시작됐지만 단기적인 차원에서 끝나기보다는 일본 현지교회들의 필요와 기대에 부응하여 중장기적 차원의 교회개척 지원사역으로 발전되고 있다. 이러한 사역과 훈련과정을 통하여 많은 중장기 일꾼들이 육성되고 일본 각처에서 선교사로 활동하고 있다.[153] 현재 김대호 선교사가 본 사역을 담당하면서 한일교회 동원과 교회 간의 네트워크를 구축함으로써 시너지 효과를 창출하려고 노력 중에 있다.

(1) 미전도지 교회개척 지원사역 적용 사례

교회개척 지원사역의 구체적인 예를 찾아보면 후쿠오카현 우미초 조이호프 교회를 들 수 있다. 이 교회는 마츠우라 목사(43세)와 후쿠오카 센터가 협력하여 개척한 교회인데 센터에서 10마일 정도 떨어져 있다. 교회개척 4년 만에 신자가 30~40여 명이 모이는 교회로 성장했다. 마츠우라 목사는 일본 마케도니아 프로젝트 협력목사로서 센터와 가까운 관계로 열심히 협력하여 우미초 마을 9,300세대 전부를 4차례나 방문하여 적극적으로 전도지를 배포하고 전도한 결과, 이 교회를 통하여 13명이 세례를 받았다. 이 13명 중에는 후쿠오카 CCC 캠퍼스사역 한글강좌에 연결되어 공부하던 중, 친구의 이지메로 자살하는 상황에 이르렀던 형제가 회복한 후, 4영리로 영접하고 이 교회에 연결된 형제도 포함되어 있다. 마츠우라 목사는 "우리가 바라는 것이 하나 더 있

---

153) 이 사역은 전도지를 배포하면서 걸어 다니는 식의 너무도 단순한 사역의 형태처럼 보일지도 모른다. 그러나 일본지역에서 걸어 다니는 그 자체가 순종이며 이것만으로도 충분히 헌신이 유발되는 최고의 '기독교 교육' 및 '훈련'인 것을 경험하고 있다. 이 사역을 통해서 현재까지 일본 선교사로 헌신하고 있는 이들은 장승익(박정희), 신해웅(박선미), 이규상(최혜원), 김성필(최원), 김대호(빈희영), 이임호(이순옥), 정병면(정연희) 선교사, 표세준(준비 중) 전도사 등이다.

사진5) 우미초교회 개척 초기

사진6) 우미초교회 교회 집회광경

사진7) 현재 우미초교회

습니다. 이 교회가 성장했다는 것에 머무는 것이 아니라 처음 시작할 때 약속했던 것처럼 인근의 2~3만 명 이상 살고 있지만 아직도 교회가 없는 5개 마을의 교회 개척을 위한 '전진기지'가 되는 일입니다. 성도들이 열심히 하는 기도에 저도 열심히 할 생각입니다."라고 힘주어 말했다. 그의 말 속에는 이 교회를 통하여 또 다른 지역 미전도지로 계속해서 교회개척을 추진해 나가면 반드시 일본교회 부흥과 복음화에 좋은 모델로 크게 공헌을 할 수 있으리라는 확신이 담겨져 있다.

나가사키현 마츠우라시의 미전도지 개척에는 정병면 목사가 수고하고 있다. 마츠우라시는 일본 개신교 150년 역사가 흘렀지만 아직 교회 없는 8개 시(市) 중의 한 곳으로 몇 명 안 되는 한글 반에 언제 교회가 세워질지 모르는 절박한 현실 속에서 교회개척을 담당하고 있다. 이곳에 뉴욕에 있는 가족들(정병면 목사의 사모와 아들 보아스)이 방문했을 때 그들을 만난 적이 있다. 남편을 일본 〈마쯔우라〉[154] 미전도지로 보내고 궁금해하던 발걸음이었다. 미전도지는 글자 그대로 '미전도지'이다. 우리가 할 수 있는 일은, 있는 그대로를 그에게 설명하는 것이었다. 그런데 떠

나가는 날, 사모는 "나는 내 남편이 하는 일에 대해서 너무도 뿌듯한 기쁨을 느끼고 갑니다."라고 말했다. 최근에 기다리던 영혼들이 찾아와 일본인 6명에 중국인 1명으로 교회가 성장하고 있다.

기후현 미전도지 미노시에서는 기후 순복음교회 코야마 목사와 함께 신해웅 선교사가 교회개척을 추진 중이다. 후쿠오카에서 3년 사역 후 3년 전 파송되었던 신 선교사는 코야마 목사의 오른팔처럼 섬기며 봉사하고 있다.

나가사키현 카와타나초에서는 현승건 선교사가 갈릴리채플을 개척했다. 최근에 『나가사키의 십자가』(2008, 예영커뮤니케이션)라는 책을 출판하고 '일본선교 재부흥의 가능성을 찾아서' 등 선교세미나를 통하여 일본선교를 보다 체계적으로 열어가는 계기를 만들어 가기 위해 노력 중이다. 우리는 이 교회가 마케도니아 협력교회로서, 사세보 지역의 군선교를 포함한 개척전도에 있어 우미초 마쯔우라 선생의 교회와 같은 연합사역의 좋은 모델 교회가 되도록 기도하고 있다.

후쿠오카 센터의 또 다른 사역으로 단기선교 지원사역과 커뮤니티 전문사역이 있다. 김성필 간사 외 2명의 일꾼들이 매년 40여 교회, 약 800여 명의 비전트립팀(단기선교) 방문을 지원 중이며, 전문사역으로서는 임미경 간사 외 2명의 일꾼이 '은식사랑방'을 오픈하여 운영하고 있다.

이 사역의 시작은 뉴라이프 단기선교에서 시작된 것이다. 현재 본 사역을 담당하고 있는 김안신 선교사는 일본선교의 비전에 대하여 "1991년 7월부터 오사카에 400명을 보내어 33개 교회에서 주님을 섬

---

154) 이 땅은, 임진왜란을 일으키기 위하여 도요토미 히데요시의 수군 7만이 발진했던 바로 그 장소이기도 하며, 400여 년 전 한 때, 혹독한 기독교 박해를 치룬 땅이며, 150년의 개신교 역사가 지난 후에도 복음에 대해 여전히 배타적이며 닫힌 곳이다. 그러나 우리는 새로운 역사를 만들기 위하여 새로운 '행동'을 하지 않으면 안 된다. 불행한 역사가 만들어졌던 바로 그 역사의 현장에, 주의 몸 된 교회이며, 화해의 집을 만들려 하고 있다. 하나님이 이 땅을 사랑하시며, 구원의 계획을 갖고 추진하고 계신데 누가 그 분의 뜻을 막을 수 있겠는가?

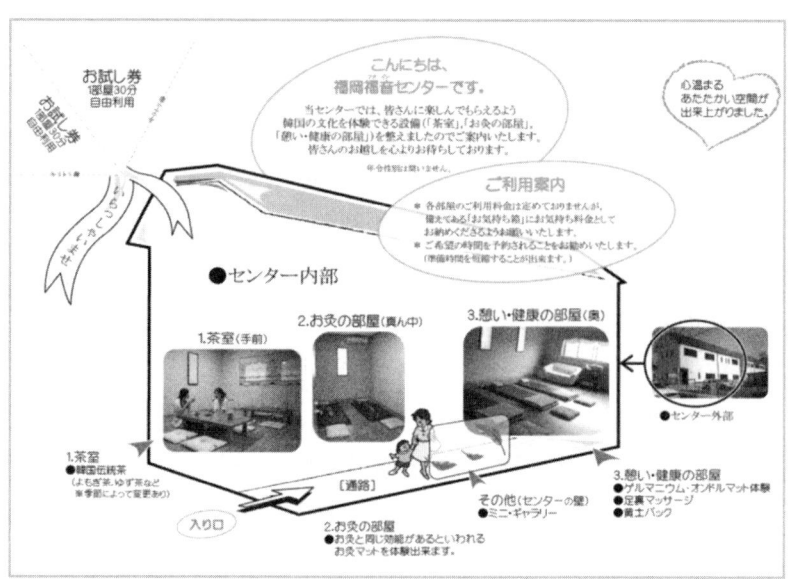

사진8) 후쿠오카 센터 온식사랑방

기기 시작한 뉴라이프는 2009년 8월까지 일본 전역의 중요 140개 지역의 1,533개 교회에 한국 청년들과 한국 CCC 대학생들 18,295명을 파송하여 2주간 또는 4주간 전도한 결과, 지금 일본열도에는 24가지의 불가사의한 기적이 일어나고 있다. 빠르면 10년 늦어도 30년 전후로 일본열도에서는 지난 2000년 기독교역사 가운데 그 어떤 나라도 경험해 보지 못한 엄청난 영적 부흥이 일어날 조짐을 보이고 있다. 이는 망발, 망상을 일삼던 일본을 복음화하여 인류의 발을 씻기시려는 삼위일체 하나님의 거룩한 계획이라는 확신을 가지고 있다."라고 견해를 피력하기도 했다.

3) 「나가노 프로젝트」

나가노 프로젝트는 나가노현 우에다 복음자유교회를 중심으로 후쿠오카 센터와 청주 조성원 목사(새순교회 및 예수비전선교회 대표), 일본

사진9) 축구선교팀과 주승규 간사

측의 칸다 목사(노자키 그리스도교회) 그리고 나가노대학 등과의 '협력 프로젝트'를 말한다. 일본 지역교회가 주체가 되어 3C 사역(캠퍼스, 커뮤니티, 교회개척지원)을 추진할 수 있도록 한국교회와 선교단체가 전략적으로 힘을 합쳐 일하는 연합사역이다. 이 프로젝트의 시작과 과정은 이렇다. 2004년 초부터 지난 5년간 예수비전선교회와 협력하는 50여 교회로부터 800여 명의 단기선교팀이 후쿠오카 센터에서 훈련받고, 그중 선발된 30명의 장기선교사들이 발굴되었으며, 그 가운데 9명이 나가노대학의 유학생으로서 공부하게 된 것을 계기로 본 프로젝트가 시작되었다. 교회는 합숙장인 사랑방과 장학금 등 재정을 지원하고 한국교회와 선교단체는 일꾼을 제공하면서(앞에서 자주 언급된) '상생시스템' 안에서 세워지고 있는데, 이 프로젝트는 장기적이며 전략적 시도가 가능하도록 추진된, 관련된 '지도자들의 결심사항'이었다고 할 수 있다.

4) 예수비전선교회와의 협력

예수비전선교회의 조성원 목사는 1992년 오사카 CCC 단기선교의 리더로 봉사한 적이 있으며 현재는 청주 새순교회 담임목사로 재직 중이다. 현재 자신이 키운 청년 학생들을 일본교회의 일꾼으로 파송하는 일을 하고 있다. 구 선교사가 조 목사를 처음 만난 것은 지금으로부터 17년 전 오사카에서 뉴라이프 단기선교를 준비할 때였다. 1992년 한해, 2,000여 명의 단기선교팀을 받아들여 관서지방의 170여 교회의 협력을 얻어 단기선교를 준비할 때, 조 목사는 당시 자비량선교사 23명의 리더로 통역 등 헌신적인 봉사를 했다.[155] 조 목사는 사회적으로는 육군대위 출신이지만 나이 어린 대학생 형제들하고 사랑방에서 1년간 동고동락해 주었다. 그 일을 마치고 일본에 선교사로 남아 봉사하고 싶어했으나 길이 열리지 않아 결국 한국에 돌아오게 되었다.

그 후 약 10여 년간 헤어진 채로 있다가 약 5년 전에 우연히 현재 후쿠오카에서 같이 일하고 있는 김남인 간사의 연락으로 다시 만나게 되었다. 당시 그는 기독교 대한성결교회 소속 새순교회를 담임한지 6년 가까이 됐으며 특히 50여 지역교회의 목회자 자녀를 중심으로 200여 명 모이는 청년학생 제자화 운동(예수비전)을 겸하고 있었다.[156] 그는 원주 CCC 나사렛형제로서 그가 CCC에서 배운 것을 목회 현장에서 적용하여 청소년 및 대학생 사역, 목회자 제자훈련, 선교사 파송 및 훈련 사역 등 3가지를 접목시키는 종합사역을 시도 중이었다.

또한 학생들을 키워 단기선교를 내보내면서, 학생운동의 장래, 특히 해외에서의 예수비전 제자들의 진로를 여는 중장기 선교전략 가운데 단기선교를 추진하는 길과 '해외선교'에 대한 바른 이해를 찾고 있었다.

이러한 조 목사의 필요는 오늘날까지 구 선교사와 교제를 나누게 된 중요한 계기가 되었다고 한다. 그때 마침 후쿠오카 센터가 완공되고 CCC의 일꾼들, 그리고 더 많은 한국교회 일꾼의 필요성을 구 선교사도 함께 느끼고 있었으므로 이 점에서 협력의 접점을 찾았던 것이다. 예를 들면 선교의 황무지인 일본을 알고 있으면서도 비싼 일본 땅에서

---

155) 23명 중, 17명이 목사, 선교사, CCC 간사 혹은 사모로 현재 활동 중이다.
156) 지역교회가 갖고 있는, '청년·대학생 제자화' 사역과 '해외선교' 라는 이 2가지 중요한 기능을 지역교회들이 연합하여 해결하도록 돕기 위하여 태어난 새로운 개념의 '선교회'를 말한다. '선교회' 이름은 붙였지만, 일반적으로 말하는 선교단체라기보다는, '지역교회 연합선교회' 혹은 '지역교회 선교연합회' 라고 칭할 수 있을 것이다.

선교의 일꾼들이 살아남을 수 있는 방안을 찾으며, 현지인 교회와 협력하여 그들 스스로 자립·자생할 수 있는 실력과 지도력을 배양시키는 방법 등이다. 그의 청년 제자화 사역이 선교지에서 SVM 운동처럼 중도에 좌절하지 않고[157] 지속적인 사역의 발전과 계승을 위해서 갖추어야 할 점에 대해

사진10) 한일교회 연합선교(나가노 프로젝트) 관련 국민일보 기사

많은 구체적인 이야기를 나누게 된 것이다. "지상명령 성취를 위해 제자 낳는 제자로 살고 그가 다시 제자를 파송하는(재생산하는) 제자로 살도록 도우며 살자." "여러분들이 주를 따르려 하는 한 후배들의 길 여는 일을 반드시 돕겠다."라는 이야기 등등. 예나 지금이나 우리가 다루는 내용과 그와 관련된 삶은 변함이 없다.

이렇게 시작된 것이 지난 5년 반 동안 그가 후쿠오카 센터로 보내온 중장기선교사 숫자는 앞서 언급한 단기 일꾼 800여 명을 시작으로 그 중에 키워진 중장기 일꾼들이 2006년 3월에 1차 6명(최성열 선교사 외 5명)이 파송되어 현재 4차 파송까지 약 30여명의 중장기 선교사 일꾼들이 일본 각처로 파송되어 일본교회와 함께 협력하고 있다. 제4차 파송식은 2009년 2월 25일 청주 중부명성교회에서 있었으며 제5차 파

---

157) 100여 년 전, 미국의 SVM 학생자발운동이 20,500여 명의 선교사를 100여 년에 걸쳐 파송했지만, 결국 소멸되고만 교훈에서 우리가 배워야 할 점 등을 이야기할 수 있다. 이것은 미국인 선교사가 현지 원주민 지도자를 키워 파송하는 일을 하지 않고 자신이 현지인 목회자 노릇을 한 점이 교훈으로 남아 있다. 이 점에 대해서 캐나다 토론토 회중교회 목회자였던 오스왈드 스미스 목사는, "바울의 계획이 채택되지 않고 실행하지 않았기 때문이다."라고 지적했다. (오스왈드 스미스, 『선교사가 되려면』, 서울, 생명의 말씀사, 1983. pp. 133~135.).

송식은 2010년 2월에 있을 것이며 15명이 준비 중인데 앞으로 이 운동은 점점 더 일본교회의 호응을 얻으며 발전될 것으로 예상하고 있다.

이러한 가운데 중장기선교의 결실 중의 하나가 스즈키 목사와 나가노대학과의 교류협력인 '나가노 프로젝트' 인 것이다. 이것은 "일본에서도 캠퍼스 사역을 일본 지역교회와 함께 하자."라는 새로운 사역의 개념이며 열린 마음으로 다양한 방안을 시도하고 있는 중이다.

"예수비전선교회가 제공한 '장기일꾼들' 에 의해서 일본교회 스스로가 의욕을 가지고 일어서는 모습을 보는 것은 대단히 기쁜 일이다." 라고 구 선교사는 말했다. 함께 '연합' 하는 사역의 열매가 한국과 일본 여기저기에서 연쇄적으로 나타나고 있으며 이제는 일본 전국의 500개 대학에 '전략이 구사되는 차원' 에까지 이를 것으로 기대하고 있다.

일본 니이가타현 재일대한기독교단 교회에서 목회하는 정규화 목사는 "학생선교를 하면서 늘 아쉬웠던 것이 저희와 같은 마음을 가진 목회자와 교회가 없었다는 것인데 이제는 스즈키 목사가 좋은 역할의 모델을 해 주는 것 같습니다. 저도 그 역할을 감당하고 싶습니다."라고 말한 적이 있다.

구 선교사는 '징검다리' 되는 일과 '일본인 먼저' 라는 말을 왜 자원해서 먼저 말하고 있는지 그 이유에 대해서 "첫째는, 우리가 '믿는 데' 가 있기 때문이다. 부요하신 이가 우리 안에 거하시기 때문이며, 그로 인하여 나는 이미 부요한 자라고 생각하고 행동하고 처신하려 하기 때문입니다. 둘째는, 신뢰를 얻는 가장 좋은 길이기 때문입니다. 우리 사역이 성공할 수밖에 없는 이유입니다. '한일교회연합 상생전략' 으로 함께 우리의 사역을 키워서 일본교회 성장발전과 일본 복음화에 공헌한다는 우리의 '판단' 은 옳은 것이라고 믿고 있습니다."라고 말했다. 그는 계속하여, "글로벌 시대에 부합하는 사역 에너지가 창출되고 있습니다. 캠퍼스 사역도 일본교회와 함께 할 수 있습니다. 미전도지 교회개척 사역도 일본교회와 함께 할 수 있습니다."라고 하며, "일본교회가 먼저 잘되고 같이 '우리도' 잘되자."라는 배려와 상생의 바탕 위에 구축된 공동운명체적 관계는 '건강한' 것이며, 우리의 사역은 계속해서 발전되어 갈 것임을 예견케 합니다."라고 했다.

후쿠오카 CCC 복음센터는 일본으로 오는 선교사들 그리고 일본에서 세계로 파송되는 선교사들이 직면하는 이문화충격의 완충과 연쇄번식(Subsequence)을 배우는 준비기간의 장소로 활용되며, (좀 더 발전적으로) 선교사 상호간의 '선교협력공동체네트워크'를 구축하고 이를 통한 선교사들간의 유기적인 협력관계를 창출해 가는 기능을 감당하는 장소로서, 그리고 일본 복음화를 위한 한국일꾼 양성소, 혹은 파송장으로서 다방면의 역할과 기능을 감당해 나갈 것으로 기대된다.

4) 한일선교협력의 일환으로 본 나가노 지역 학생 선교사 프로젝트

여기에서는 '나가노 프로젝트'와 관련하여 나가노 학생 선교사 프로젝트를 주도하고 있는 우에다 복음자유교회 스즈키 요시아키 목사가 본 사역에 대해서 설명한 자료를 중심으로 살펴보고자 한다. 그는 "한일교회와 선교단체들이 펼치는 본 프로젝트가 반드시 성공해야 할 이유를 다음의 말씀에서 찾고 있다"라고 한다. "내가 복음을 위하여 모든 것을 행함은 복음에 참여하고자 함이라.(고전 9:30)"

(1) 복음선교의 새로운 레벨

이제는 글로벌 시대의 도래와 더불어 세계는 끊임없이 영향을 주고받는 시대가 되어 세계 경제와 평화란 측면에서 생각할 때, 중국이나 인도의 성장을 고려하지 않으면 세계 레벨에 대해서는 생각하기 어려우며, 한국을 비롯해 대만, 일본, 중국은 세계의 일부로서 지금까지보다 더욱 긴밀하며 중요한 위치를 차지하게 되었다.

이와 같이 선교 협력에 있어서도 새로운 시점의 복음선교 레벨을 생각해 볼 필요가 있다. 2000년에 빌리 그레이엄 선교회가 암스테르

담에서 선교대회를 개최했을 당시 그곳에 모였던 71개 그룹이 4년 후에 다시 모여 새로운 선언으로 선교를 다짐했는데 그것이 바로 FTT[158] 선언이다. 이 선언에 의하면 지금껏 복음이 전해지지 않은 미전도 종족은 639종족이며, 그런 미전도 종족의 선교를 위한 세계적 네트워크의 필요성을 인식하고 다음과 같이 다짐한 적이 있다.

그 회의 내용 중에는 중요한 포인트가 하나 있었는데 '20세기 선교의 연약함이 무엇이었나' 하는 부분에 대한 반성이었으며 그것은 대부분의 선교활동이 선교단체 중심으로 흐르는 바람에 지역교회에 대한 비중을 심각하게 경시한 것에 대한 지적이다. 지역교회가 존중받아 강해지며 선교를 위해 서로 손을 잡고 어우러지기 위해서는 교회가 선교의 최전선임을 자각하며 세계적 네트워크를 통해 하나가 되는 파트너십을 완성시켜 나가는 선교 프로젝트가 생성되도록 기도해야만 한다. 지역교회가 성장하기 위해서 세계의 각 선교단체와 교회가 서로 협력하기로 선언하는 것이 중요하다. 현 시점에서 세계적으로 유명한 선교단체는 22개 이상이며(Campus Crusade, 위클리프, 워크 스르 바이블, 새들백 교회 등) 서로 주저 없이 협력하고 있다.

---

158) FTT 'Finishing the Task'는 전 세계에 남아 있는 3천 4백 개의 미개척 미전도 종족(Unengaged Unreached People Group)안에 교회개척운동을 일으키기 위하여 선교단체들의 헌신적인 협력으로 '지역교회주도'로 펼치는 '미완성 과업 성취' 운동이라 할 수 있으며 개교회의 해외선교를 돕는 아주 유익한 통로(글로벌적 협력 네트워크)로 알려져 있다. 일본은 선교역사 150년에 교회도 있고, 성경도 있고, 목회자들도 있으므로 미전도 종족이나 지역과는 관계없는 것처럼 보이지만 전체 인구의 99%가 아직 미복음화된 미전도 지역으로 남아 있으므로 '미완성의 과업성취'는 일본도 적용되어야 할 것으로 생각된다. FTT 운동에 참여하는 중요한 이유는 국제적인 관계 속에서 세계의 미전도지 상황의 이해를 돕고 그들과 함께 세계의 다른 미전도지로 갈 수 있는 절호의 기회를 제공한다는 점이다. 지금까지 3차례에 걸쳐 동경과 오사카에서 50여 명의 목회자와 선교사들이 모인 가운데 설명회가 있었다. 지금까지 추진해 온 사역과 함께 교회개척을 추진하려는 교회들과의 유대를 더욱 강화시켜 나갈 수 있을 것으로 생각하고 있다. 현재 안강희, 신현필, 권요섭, 오오키타, 하리, 이토, 스즈키 목사 등이 돕고 있다.

(2) 협력선교에 대한 나가노 지역의 예

스즈키 목사는 2007년 6월부터, 20년간 봉사하던 교토 복음자유교회를 떠나 우에다 복음자유교회(上田福音自由教会)의 목사로 섬기고 있다. 이른바 지방 전도를 하도록 인도받은 것이다. 이곳은 선광사(善光寺)를 비롯해 조상숭배와 우상숭배가 만연한 지역이다. 이 지역을 어떻게 이해하고 사랑하며 복음을 전할지 기도하였을 때, 하나님은 FTT의 개념을 토대로 하는 '예수비전선교회'라는 한국 초교파 선교협력 단체와 협력하는 길을 열어 주셨다.

① 지역 조사

먼저 지역에 대한 조사를 하자 놀랄 만한 일이 눈앞에 펼쳐지기 시작했다. 지역의 정보를 얻기 위해 오로지 땅 밟기를 하였다. 우에다 성(上田城)의 메이지 유신 후의 성주인 마츠다이라(松平)의 집에, 그 마지막 성주 마츠다이라 타다나리(松平忠礼)의 막내 아우 타다타카(忠孝)가 크리스천이 되고, 이윽고 39명의 번사들이 세례를 받았으며 메이지 9년에 네덜란드 장로파의 바라 선교사나 그 외의 선교사의 응원으로 (일본의 첫 번째 교회인 요코하마 해안 교회가 설립된 지 5년 후) 우에다 기독교회가 탄생했다는 사실을 알았다. 게다가 그 후 캐나다 선교사들의 교회 개척에 힘입어 특히 교육분야에서 큰 발전이 있었다. 또한 우에다에는 우치무라 간조(內村鑑三)가 9번이나 방문해 전도회나 교육 강연회를 열어 나가노현에 두 개의 기독교주의 학교인 코모로 학원(小諸塾), 아즈미노(安曇野)의 켄세이기주크(研成義塾)가 설립되어 신앙에 의거한 인격 교육에 힘을 쏟게 되었다. 또한 신슈대학(信州大学) 교육학부의 전신인 나가노 사범학교가 기독교 신앙의 중심지였다는 역사적 사실도 알게 되어 지방일지라도 부흥의 역사가 있었음을 알 수 있었다. 나가노현의 노래 '시나노(信濃)의 노래'도 우치무라 간조 사상의 영향 하에 만들어진 것을 알고 놀라움을 금할 수 없었다.

② 교육계와의 관계

이상의 배경으로 우에다 소재의 나가노 대학에서의 전도활동을 생각하게 되었는데, 나가노는 지방이라는 특성 때문에 젊은이들뿐만 아니라 도시 전체의 인구 유동 경향이 강한 곳이며, 교회 안에서는 젊은이를 찾아보기 힘든 지역이다. 나가노 대학과의 밀접한 관계를 구축하기 위해 학장이나 이사진들과 면담을 실시하였고, 그렇게 되기까지는 한국의 '예수비전선교회'라는 청년전도 그룹, 즉 한국의 청주시를 중심으로 하는 70여 개 교회의 협력 선교팀이 있었는데, 앞서 말한 FTT 개념 하에 그들은 지역교회의 필요를 충족시키며 대학간 자매결연 관계 제휴 등에 힘써 주었다. 나가노 대학에 한국 총신대학의 송준인 교수와 후쿠오카 센터의 구원준 대표가 방문하여 학생 교류에 대해 상담을 하였고, 그 후 예수교대한성결교단의 성결대학(총장:정상운)과 장로교 계통의 일신여고(一信女子高校)와의 자매결연이 이루어졌다. 이것은 2009년 6월의 일이다. NHK방송국 이외 다른 지역 매스컴과의 관계도 구축되기 시작하여 지역 사회와 지방교회가 단시간에 매우 친밀한 관계를 구축할 수 있었다.

③ 한일간 대학, 고교와의 자매결연 제휴

그리고 2009년 3월, 9명의 한국 크리스천 학생이 유학 시험에 합격하여 나가노 대학에 입학했다. 지금은 일본어 연수가 주된 수업이지만, 시간이 지나가면서 친구가 생기고 개인 전도나 학내에서의 성서 연구회를 할 수 있게 된다면 학우들에게 보다 좋은 영적 영향력을 줄 수 있다고 생각한다. 이들 한국 청년들은 매주일 예배와 기도회 등 집회 참가와 더불어 교회 안에서 가능한 모든 봉사를 다하고 있다. 대학에서는 매우 우수한 학생들로 인정받으며 인격이나 성품도 매우 좋은 청년들이라 평가를 받고 있다.

④ 협력의 실제와 문제점

유학생들은 우에다교회가 제공한 크리스천 기숙사에서 공동생활을 하고 있으며 교회는 그들의 생활이나 정신적인 서포트를 하며 식비나 생활용품 등을 제공하기도 하며 가족과 같은 관계로서 풍성한 교제를 나누고 있다. 때로는 홈스테이 등을 통해 미신자 가족에게 좋은 영향을 주는 학생도 있다. 그럴 경우 학생 선교사라는 입장에 서게 되지만 우선적으로는 학교 내에서 좋은 학생이었으면 좋겠다는 바람이다. 생활의 증거가 바로 좋은 전도의 도구가 된다고 생각하기 때문이다. 교회에 있어서도 참으로 큰 격려가 되고 있다. 젊은이들이 차고 넘치는 교회를 꿈꾸어 본다. 물론 몇 가지 다음과 같은 문제점은 향후 해결해야 할 과제이다.

A. 아직은 젊은 대학생이기에 그들의 젊음을 서포트 해야 하는 일

학생들이 향수병에 시달리거나 사명감의 압박 때문에 시험에 들지 않도록 인도하는 일 등, 일본인 목사는 학생의 이런 필요를 받아들이며 지원하는 버팀목 같은 역할을 해야 한다. 처음부터 선교사의 기능을 너무 강하게 요구한다면 학생 선교사들의 사명은 더 이상 진행되기 어려울 수도 있다. 어학과 더불어 문화 적응의 문제가 해결되기까지 시간을 두고 지원할 생각이다.

B. 문화적, 민족적 차이에 따르는 문제에 대한 이해

이것은 어떠한 선교에 있어서도 동일하다고 생각한다. 식습관이나 관습의 차이는 공동생활에 있어서 충분한 이해와 지원을 필요로 한다. 사물의 이해나 해석 방법의 다른 점, 일본교회 목사와 한국교회 목사의 리더십의 다른 점, 일본인의 커뮤니케이션은 대화형이라 생각되지만 한국에서는 상하 관계의 질서가 엄격하며 감정적인 오해가 발생한다는 점 등을 들 수 있다. 또한 한국인은 강하게 의사 표시를 하지만, 일

본인은 상대의 얼굴 표정을 살피면서 그 사람의 속마음을 헤아려 가며 조심스레 자신의 의사를 표시하기 때문에 이것은 한국학생들에게 생소하며 이해하기 어려운 일일 수도 있다. 다테마에(建前 : 겉으로 드러내는 것)와 혼네(本音 : 속마음)를 가려 쓰며 커뮤니케이션을 도모하는 것이다. 일본인은 색이나 형체를 조심스럽게 표현하지만, 한국인은 휘황찬란하고 화려한 색상에 익숙한 경향이 있다. 이러한 것들이 바로 민족적 차이로서 선교에도 구체적 영향을 주는 것이라 생각한다.

C. 경제적 부담의 문제

주거를 위한 비용 등을 교회가 지불할 각오가 필요하다.[159] 학생들에 대한 어느 정도의 지원을 위한 교회의 예산 편성이 필요하며 기숙사 생활비는 학생들 자신의 부담으로 가능하다.

D. 지역교회의 리더십은 목사 중심이어야 할 것

해외선교의 현장주의가 절실하다.

E. 목사도 목회경험과 도량이 필요

성도들 중에는 역사나 문화적 차이에 대해 거부하며 문화 우월주의를 지향하는 사람도 있기 때문에 민족과 문화의 차이를 극복하는 넓은 도량의 필요성과 동시에 교회 내 여러 의견을 조율할 수 있는 목회자의 경험과 리더십도 중요하다.

F. 학생과 학생 선교사로서의 밸런스가 중요

평소에는 학생의 신분이므로 대학이 허용하는 범위 안에서 선교활

---

159) 이 일을 위해 교회 성도들은 학생들의 기거용 사랑방(一軒家) 마련과 장학금을 위해 200여 만 엔의 재정을 지원했다. 스즈키 목사 부임 당시 25~6명 출석 성도가 70여 명 모이는 교회로 자랐으며 자리가 비좁아 증축공사가 곧 시작될 예정이다.

동을 하는 것이 바람직하다. 학교와 계속적으로 좋은 관계를 유지해야 하며 학생의 신분을 이탈한 선교는 그 학생의 장래는 물론 대학 및 교회의 신뢰마저 깨뜨릴 수 있음을 명심해야 한다.

G. 목회자로서 교회 개척의 비전이 필요

가능하면 인근 2군데 지역의 교회개척을 목표로 하며 미전도 지역에 가서 이 프로젝트를 진행하며 적응해 나가고 싶다. 학교 기숙사와 대학의 지리적 위치 또한 교회 입지 선정도 과제 중의 하나이다.

⑤ 청년들에 의한 세계협력선교 네트워크의 구축

일본의 크리스천 인구는 1%라고 하지만, 실제 매주 교회에 출석하여 예배하는 성도는 0.21%에 불과하다. 이제는 사회 고령화로 인해 노인들이 교회를 지키고 청년들은 교회에서 떨어져 나가는 등 실로 커다란 과제가 우리 앞에 놓여 있다. 세계를 연결하는 협력선교 네트워크를 통해 교단이나 교파를 넘어 복음파가 협력하여 교회 개척과 성장을 도울 수 있게 된다면 진실로 하나님의 이름을 높이 올려드리는 일이 될 것이다. 지금 일본 기독교의 패배감 가운데 이런 형태의 네트워크가 구축된다면 그리스도의 재림을 맞이하기 위해 구불구불하고 주름진 길을 활짝 펴는 새로운 선교의 길이 열릴 것이라 확신한다.[160]

5) 한일사랑방공동체–은식사랑방 오픈

상기의 모든 사역의 배후에는 일본 복음화의 제단에 드려진 한 생명의 희생이 있었다. 1997년 7월 24일 아침 일본 京都(교토)에서 당시

---

160) 일본 지역교회 스스로가 캠퍼스 사역의 책임을 지고, 주체적으로 추진할 수 있도록 돕는 일은 참으로 보람 있는 일임을 느끼고 있다. 이 교회에는 전현구 형제(고려대 CCC, 후쿠오카 사랑방 1년 [2000년도] 봉사, 오사카대 박사과정 후 신슈대학 연구원으로 현재 근무 중)가 출석하고 있으며, 학생들의 언어와 신앙교육을 음으로 양으로 돕고 있다.

사진11) 은식사랑방 오픈예배

사진12) 오픈예배 후 유족과 함께

대구 가야대 3학년이었던 이은식 형제가 뉴라이프 단기선교에 참가하여 전도활동을 하던 중 고층 아파트의 베란다에서 추락하여 소천한 일이 발생했다. 일본 뉴라이프(New Life) 최초의 희생제물로 드려진 형제의 이름과 일본 복음화를 향한 그의 열정과 헌신을 기념하고 그의 남겨진 사역을 계승하기 위하여 나중에 '사랑방'을 만든다면 그 이름을 '恩植사랑방'으로 명명하기로 다짐한 적이 있었다. 그로부터 12년의 세월이 흐른 후, 2009년 5월 5일 후쿠오카 CCC에 마침내 '은식사랑방'을 만들고 오픈 예배를 갖게 되었다.

이 예배에는 유족 측인 고령제일교회의 임정현 목사와 은식형제 부모(이금삼 장로 내외분)를 비롯하여 김덕화(고베 동부교회 원로) 목사, 김안신 목사 그리고 한국과 도쿄와 오사카 등에서 참석한 한일 목회자 27명을 포함하여 총 90여 명이 참석했다. 특히 여기에 설교로 봉사한 한국 CCC 대표 박성민 목사는 한국 초기 선교 당시의 토마스 선교사의 간증을 인용하면서 은식 형제의 죽음 가운데 담겨진 하나님의 선교의 비밀스러운 뜻을 전달했다.

이 모임에 참석한 사가현 오고리교회 시모카와 목사는 "주를 위해 살고, 주의 말씀에 순종하고 주를 위해 자신을 드리는 존엄한 삶에 대해서 이 예배 가운데 임하신 성령을 느끼며 깊이 생각해 보는 시간이었다."라고 했다. 또 다른 일본인 목사는 "이곳에 모인 분들 가운데 누가 서울에서 온 한국인이고 누가 동경에서 온 일본인지 구분하기가 어렵습니다. 서로(후쿠오카센터와 하카타교회)가 하나 되어 있는 모습이 너무나 신기합니다."라며 또 다른 성령의 역사와 현장의 '분위기'를 전달하기도 했다.

은식사랑방 오픈 기념예배에 참석하신 분들의 현장 분위기와 소감을 좀 더 구체적으로 전달하면 다음과 같다.

"'은식사랑방'은 진짜 최고로 좋은 명칭입니다. 지금 생각해도 가슴이 아픈 일인데 사랑하는 아들을 그렇게 잃어버린 장로님 내외분의 가슴은 얼마나 쓰라리겠습니까? 보험금의 일부를 사랑방을 위해 헌금하셨는데 그의 아들을 기념하여 '은식사랑방'이라고 한다면 하나님께서도 크게 기뻐하실 것입니다. 고령교회 장로님 내외분에게 큰 위로의 증거가 될 것입니다. 그리고 '뉴라이프'와 '은식사랑방'의 '상징성'이 더욱 높이 드러났으면 좋겠습니다."(Kim 선교사)

"김안신 목사님께서 보내 주신 메일을 접하게 된 것을 기쁘게 여깁니다. 은식 형제의 순교 사실이 어머님의 유언을 실현하고 싶은 저의 선교열정을 재충전시켜 주기에 충분했습니다. 자기 일에 집중하다 보면 때로는 동역자의 일에 소홀하기 쉬운 우를 범할 수 있다는 점을 메일을 보고 깨달았습니다. 이은식 순교자의 뉴스가 저를 그렇게 반성케 해 주었습니다. 이것도 주님의 은혜인 줄 압니다. 복음의 황무지 일본 땅을 갈아엎는 데는 일본문화에 맞는 달란트 사역이 좋다고 생각해 왔는데 '은식사랑방' 이야말로 하나님께서 일본 복음화를 위해 보내 주신 선물인 줄로 확신합니다. 본연의 취지를 잘 살려 나간다면 일본영혼구

원에 큰 도구로 쓰일 줄 믿으며 그렇게 되기를 기도하겠습니다."(Ahn 선교사)

"구 간사님! 사랑방 이야기 그리고 이은식 형제를 기념하는 내용에 대하여 감동 깊게 읽었습니다. 은식 형제의 안타까웠던 귀한 순교의 죽음 앞에서 대구지구 CCC 형제자매들과 오열하며 그 때 제 가슴 깊이 주님께 다시 한번 서원을 드렸던 기억이 떠올랐습니다. 은식 형제와 같이 단기로 일본선교 왔던 무명의 수많은 선교사들은 사랑과 눈물과 기도를 심어 놓고 이름도 빛도 없이 떠났지만, 저는 일본에 끝까지 남아 있는 자로서 일본을 향한 아름다운 희생의 전도자들의 다하지 못한 일들을 끝까지 감당하며 수천, 수만 명의 숨겨진 뜨거운 일본사랑 이야기들을 잊지 않고 간증하며, 특히 은식 형제님의 다하지 못한 몫까지 최선으로 살겠다고 다짐하고 다짐했었습니다. 그런 보이지 않게 제 사명을 받쳐 주는 가슴 뜨거운 역사의 사실들과 중보 기도와 희생들이 뒷받침이 되었으므로 오늘까지 일본을 사랑하며 변치 않는 열정으로 기쁘게 사역해 올 수 있었음을 고백합니다. 앞으로는 하나님께서 정말 숨겨진 오랜 기도들을 다 기억하시고 놀랄 정도로 성취하시고 CCC 사역들과 일본선교를 축복해 주시리라고 확신하고 있습니다. 믿음으로 선포하며 기대하며 계속 앞으로 나가겠습니다. 언제나 소식 주셔서 감사드리며 함께 기도하고 있습니다. 간사님도 늘 강건하시고 평안하세요."
(Bark 목사)

"구 간사님, 은식 형제의 순교 사실을 다시 생각나게 해 주셔서 감사합니다. '은식사랑방'은 우리들에게 복음을 위한 순수한 마음을 갖고 헌신하도록 할 것 같습니다. 귀한 젊은 형제의 순교의 씨가 자라나 일본의 잃어버린 형제자매들이 지속적으로 돌아오기를 원하며 선교사들과 하나님의 백성들도 건강을 유지하는 가운데 새 힘을 얻고 주의 일에 힘쓴다면 좋겠습니다. 아직 주님께서 저를 이 땅에 건강하게 두심은 일본을 포함한 동아시아지역 선교의 열매를 더 보기 원함이라고 믿습니다. 지금까지 일본선교지에서 섬겨 왔는데 앞으로 일본 CCC와 교회의 섬김을 통해 일본선교의 열매를 맺을 수 있기를 기도하고 있습니다."(Son 선교사)

한일사랑방공동체를 지향하는 은식사랑방은 엔고로 인한 경제적인 부담과 인식차이로 상당한 어려움을 겪었음에도 불구하고 모든 것을 극복하고 무사히 오픈했다는 점에서 의미가 크다. 특히 은식 형제의 '선교적 죽음'에 대한 부모님의 위로, 뉴라이프의 의미를 다시 되살리고 새출발이 가능했다는 점, 그리고 참석자 모두에게 일본에 대한 하나님의 깊은 사랑을 깨닫게 한 점에서 큰 위안을 느끼고 있다. 향후 은식 형제의 죽

사진13) 기타 치는 은식 형제[161]

---

161) 위의 그림은 구인애 자매가 은식 형제 부모를 위로하기 위해 그린 그림으로, 십자가 나무 밑에 기타 치고 있는 청년이 은식 형제이며 그가 부른 노래가 거름되어 열매 맺어 잎사귀에서도 꽃이 피는 그림이다. 꽃잎이 다시 떨어져 거름되고 다시 열매 맺는 일이 순환되는 과정을 상징하고 있다. 그리하여 이 떨어진 생명의 씨앗에 의해서 일본인 새생명 구원과 '복음화 성취'는 더욱 가까워질 것이다. 지금 그가 부르는 노래는 CCC 형제들이 심천 미루나무 섬 숲속에서 자주 불렀던 가스펠 송인 '가서 제자 삼으라.'이며 때는 새벽이었고 주님의 마지막 유언이기도 하다.

음을 일본 땅에 떨어진 한 알의 밀알 삼아 일본인의 '새생명(뉴라이프)'을 얻게 하며 꽃 피고 열매 맺는 구원의 소식이 일본 전역으로 번져나가기를 기도한다.

구 선교사는 "이번 일을 계기로 그리스도 안에서 모든 것이 합력하여 '선'을 이룬다는 것이 무엇을 의미하는 것인지를 체험하고 배우고 있습니다. 은식이의 이야기는 완성되지 않았으나 더 이상 '슬픈 스토리'가 아닙니다. '믿음의 주요 온전케 하시는 이인 예수'는 우리가 고난도 넘고, 시련도 넘고, 장애도 넘고, 시대의 미혹도 넘고 넘어 하나님의 대사(大事, 일본 복음화)를 이루라고 우리를 부르고 계십니다. 일본 백성이 하나님의 구원에 이르고 그분께 영광 돌리는 날이 온다면 우리의 기쁨은 말할 수 없이 클 것입니다. 은식 형제는 그런 의로운 도구로 부름 받았다고 믿고 있습니다." 라고 강조하면서 사랑방 사역의 새로운 출발을 다짐했다.

사진14) 은식사랑방 오픈예배 후 모두 함께

{결론}

결론

1. 요약 및 결론

이 연구는 일본의 기독교 역사를 개괄함으로써 해방 전후, 그리고 1980년대 이후 일본에서 한국계 교회의 성장에 주목하여 상대적으로 일본계 교회의 정체에 대하여 고찰하고자 시도하였다. 타지마 준코(田嶋淳子, 1998)의 연구에 의하면 1980년대 이후 일본에서 한국교회의 약진은 초국가적인 글로벌 현상으로 한국인의 일본으로 대거 이동하였고, 한국인을 중심으로 한 소규모 자영업자의 형성이 한인교회의 성장에 중요한 역할을 담당한 것으로 분석한 바 있다.

그러나 앞서 제시한 통계적 자료들을 참고하면 해방 이후 일본계 교회의 정체현상이 뚜렷하게 나타나고 있음을 알 수 있고 이러한 현상은 실질적으로 일본교계의 수치상의 변화는 거의 없지만 상대적으로 일본교회의 쇠퇴로 비쳐지고 있는 것도 사실이다.

이 연구는 일본교회의 쇠퇴보다는 정체현상이 왜 개선되지 않고 있는가에 주목하고 있다. 기존연구들이 제시한 일본의 기독교 정체현상은 단일민족 중심의 천황제, 다신교주의, 도요토미 히데요시와 도쿠가와 이에야스 정권의 선교사 추방령 이후 약 300년간 지속된 기독교 탄압정책 등을 들고 있는데 여기에서는 이러한 일본의 전통적인 사상이나 박해정책을 염두에 두면서 주로 해방 전후 일본교회의 문화적 특징인 일본교계 지도자의 청빈사상과 질적 성장 중시가 일본인 크리스천 및 목회자의 사상, 그리고 일본 기독교의 정체로 이어졌으리라는 가설에 초점을 두고 있다.

설문조사 결과 응답자 개인의 문화적 특성과 기독교 성장과의 회귀분석에서는 연령, 재직기간, 봉사시간, 정기헌금, 교회성장 여부가 일본인의 이미지, 한일선교지원전망, 한일선교협력희망 등과 상관관계를 가지고 있는 것으로 나타났다. 분석내용을 구체적으로 살펴보면 일본교회 내에서 활동하는 한국인들은 젊은 청년들일수록 일본인 이미지에 대하여 긍정적이었다. 또한 교회 내에서 재직기간이 오래되고 정기헌금을 많이 하는 신자일수록 선교지원을 희망하고 있었으며 봉사시간이 많은 신자일수록 한일선교 협력을 적극 희망하고 있는 것으로 나타났다. 따라서 한일교회 내의 가장 기본적인 개인의 문화적 특성의 차이인 봉사시간이나 정기헌금에 대한 인식이 일본에서의 기독교 정체와 성장에 많은 영향을 미쳤음을 알 수 있다.

　인터뷰 조사 결과에서는 해방 이후 강조된 일본교계 지도자의 청빈사상과 작은 교회 중심의 질적 성장 중시가 교회의 정체요인에 가장 큰 영향을 미쳤을 것이라는 지적이 많았다. 특히 일본인 목사의 경우에 한국인 선교사의 양적 성장에 집중하는 것과 일방적인 전도활동, 일본문화의 특성인 순서와 절차를 무시하고 타인에 대한 배려가 적은 점 등 선교하는 과정 상의 오해와 불신이 가장 큰 문제점으로 꼽았다. 그러나 일본 내 한국계 교회의 가장 큰 성장의 이유로서 한국인의 긍정적이고 적극적인 전도활동과 영성, 인텔리적인 설교 등을 꼽았다는 점은 다시 한번 생각해 볼 필요가 있다.

　일본은 1868년 메이지 유신 이후 '탈아입구(脫亞入欧)'를 국가의 최대 지상과제로 삼았으며 이는 지금까지도 계속되고 있다. 21세기 글로벌시대 다문화공생주의를 표방하고 있지만 천황제를 주축으로 하는 단일민족사상은 여전히 존재하고 있다. 이와 같이 서양문화를 숭상하고 적극적으로 수용해 온 일본이 서양의 근본사상인 기독교 수용에 대해서는 여전히 두려워하고 있는 현상은 아이러니라 하겠다. 향후 연구과제가 되겠지만 오히려 일본에서는 서양의 논리적이고 합리적인 기독교 사상의 수용보다는 일본의 전통사상을 강조하는 신흥종교의 성장이 눈에 띈다. 한국에서의 물질적인 축복과 양적 성장의 추구와는 달리 일본교계 지도자로서의 청빈한 삶과 정신세계 강조, 질적 성장의 추구가 일본교회의 정체원인이라는 지적은 앞에서 언급한 것과 같다. 따라서 한국의 지나친 물질적 풍요와 양적 성장 추구나 일본의 과도한 질적 성장과 정신세계의 추구는 현재 양국의 처한 교회현실을 보더라도 많은 부작용과 정체를 초래하고 있는 것이 사실이다. 따라서 한일교회 내의 이러한 문화적 차이에서 발생하는 현상을 극복하기 위해서는 일본인의 문화적 감성을 존중하면서도 한국인의 영성을 활용할 수 있는 건강한 상호신뢰관계 및 한일간 장기적인 글로벌 네트워크 구축에 의한 일본 복음화 전략의 수립이 불가피하다.

2. 일본 복음화의 당면과제와 전략적 실행방안

앞에서 누차 언급한 대로 일본선교가 당면하고 있는 과제는 복마전 같으며, 난공불락의 성과 같은 존재처럼 보이며, 선교사의 무덤처럼 여겨지고 있는 것이 사실이다. 그럼에도 불구하고 이러한 일본 복음화의 어려움을 극복하고 일본인들 스스로가 자립할 수 있도록 돕기 위한 방안을 강구하지 않으면 안 된다. 무덤에서 필요한 것은 바로 부활의 반전일 뿐이다.

먼저 한국인 선교사들이 일본선교를 바라보는 시각과 자세 그리고 행동의 변화가 있어야 한다. 일본 복음화의 당면과제와 전략적인 측면을 살펴보면 다음과 같다.

첫째, 한국교회가 일본 복음화에 공헌하려는 시도는 선교의 주체이고 주인이신 그리스도가 한국인들(Korean Missionaries)에게 명령하신 것이라는 확실한 믿음이다. 한국교회와 선교사들의 일본 복음화에 대한 공헌은 일본 백성이 하나님의 구원에 이르도록 돕는 것이며 결과적으로 한일간 왜곡된 부정적인 역사를 바로잡는 작업이기도 하다. 이와 같은 목적을 달성하기 위하여 한일교회가 연합하여 추진하면서도 이 일에 일본교회가 주도적으로 임할 수 있도록 도와야 한다. 이와 같은 일은 한일교회와 선교단체가 연합하여 지금까지 없었던 새로운 역사를 펼치는 선교(사도행전)이기도 하며, 하나님으로부터 부여받은 한국인 크리스천들의 특별한 사명이자 특권이라는 확신이 필요하다.

둘째, 일본 복음화의 어려움을 상생으로 함께 풀어 나가는 방안이다. 현재 일본이 당면하고 있는 어려움은 전통사회 가치관의 붕괴, 자살이나 실직자와 홈리스 등의 증가, 창의력 시대에 '모방'의 한계 직면함, 기독청년들의 자신감 상실, 그리고 복음 능력의 상실과 헌신자의 급감 등 심각한 문제를 안고 있다. 이런 위기 때일수록 한국교회는 더 자신감을 갖고 상호협력의 기회로 삼아서 한일연합선교의 좋은 상생 모델을 만들지 않으면 안 된다. 사정이 더 나빠지는 것을 알면서도 현상유지를 택하자고 말할 수 없지는 않은가?

셋째, 앞에서도 언급했듯이 일본교회 지도자들이 "일본교회 자력으로는 일본의 복음화를 이룰 수가 없다."라고 고백하고 있다. 그 말이 맞는다면, 일본선교의 난관을 타개할 다른 방도가 보이지 않는다면 한일교회가 뭉쳐서 하는 방법밖에 없다. 이러한 상황에서 필자는, 한국인 선교사가 일본교회 목사들이 힘을 내어 사역할 수 있도록 장기적이고 전략적으로 상생하는 방안을 앞에서 소개했다. 한일연합의 선교공동체와 같은 '선교구조' 혹은 '시스템'을 구축함으로 그들을 돕는 방법이다.[162] 이는 일본인들이 좋아하는 '의리' 있는 방법이 될 수 있다고 생각한다. 여기서 말하는 시스템이란 한 생명체가 건강한 몸과 삶을 영위하기 위해서는 몸 안의 전 세포가 유기체적인 연동 속에서 서로가 서로를 위하며 살아가는 관계를 말한다. 앞에서도 언급했던 것처럼, 한국교회의 일본선교 봉사가 일본교회로 하여금 건강한 몸을 형성하도록 도와서 일본교회 스스로가 일본 복음화를 해낼 수 있는 건강한 교회가 되도록 돕는 아주 현실적이고 실질적인 방법이다.

많은 사람들이 손쉬운 방법으로 단기선교나 은사집회 혹은 제자 훈련 등 개별적인 선교 프로그램을 일본교회에 적용하려고 시도해 온 것이 지난 20여 년간의 일반적인 일본선교 시도라고 할 수 있다. 그것이 어떠한 결과를 불러왔는지에 대해서 이제는 한일의 선교 관련자들은 잘 알고 있다. 개별적 성공사례가 없는 것은 아니지만 그것은 마치 「Window XP」라는 '시스템'이 없는 채로 한글 '프로그램'을 돌리려는 식이어서 낭비인 경우가 많았다. 힘들기도 하겠지만 오래가지 못하는 것이다. 우리는 똑같은 실수를 반복해서는 안 된다. 한국으로부터 도입하는 쉽고 훌륭한 선교프로그램을 적용하는 것도 그것을 잘 활용할 수 있는 한일연합 선교공동체 '시스템'이나 일본교회와의 건전한 신뢰구조를 구축한 이후이거나 혹은 동시에 병행하는 것이 좋다고 생각한다. 많은 시간과 인내가 필요하겠지만 이러한 한일간 공동으로 구축된 견실한 시스템과 전략적인 네트워크의 바탕 위에서 자신이 원하는 프로그램을 일본에서 적용할 수 있다면 그 효과는 배가되고 지속가능한 열매 맺는 선교전략이 되리라고 생각한다.

넷째, 한국인 선교사들이 일본에서 자기의 '성'을 쌓는 식의 선교 패러다임을 극복해야 한다. 일본에서 자신이 개척한 모교회나 지교회 성장과 한국교회 기관의 '지부' 심기 혹은 자신의 단체나(앞의 세 번째 항목에서 언급한) 교회 프로그램만을 소화시키고 있는 식의 선교활동은

---

162) 다른 사람을 도와주는 것은 대단히 어려운 것에 속한다. 그러므로 지혜로운 방법이 참으로 필요한 부분이다. 도와주는 사람도 당당하고 소신껏 할 수 있어야 하고, 그리고 도움을 받는 사람도 기쁘고 감사하게 그것을 허락하는 환경 속에서 도움을 주고받는 것이 서로에게 가장 유익한 방법일 것이다. 한국 사역자의 입장에서도 무조건 '밑'에 들어가서 일방적인 봉사만 요구받는 것을 바라지 않을 것이다. 이와 같은 의도들은 말은 쉽지만 너무도 어려운 부분이다. 이 점은 나도 실패한 경험이 있는 부분이다. 앞으로 또 다른 기회가 주어졌을 때, "일본인 그들이 힘을 내도록, 그들이 스스로 하도록 돕는 일을 '소신껏' 할 수 있는 환경과 간증을 만들고 싶다."는 것은 과거의 실패한 경험과 교훈을 살리려는 뜻에서 말하는 것이다.

한국교회의 건전한 선교발전을 위해서도 바람직하지 않을 뿐만이 아니라 일본교회의 협력과 존경을 받기도 어렵다. 오늘날 한국교회가 부흥과 성장을 경험하고 난 이후 교회의 정체현상과 세속화로 시달리고 있는 이유를 기억해야 한다. 위와 같은 '옛' 패러다임을 극복하기 위하여서는 무엇보다도 '재생산을 통한 지상명령 성취'라는 주님의 부탁과 바울의 선교전략(딤후 2:2)을 결코 잊어서는 안 될 것이다.

다섯째, '한일교회 연합선교 공동체 구축전략'을 추진하는 것이다. 다음은 앞에서 언급한 시스템이 또 다른 시스템들과 연동되어 작동함으로 일본 복음화를 위해 구체적으로 어떻게 기능하는가에 대한 실천방안에 관한 것이다. 그 방안은 다음과 같다.

① 후쿠오카센터와 같이 캠퍼스 사역과 교회개척 및 중장기 선교사들의 일본정착을 지원하는 사역 등을 종합적으로 집행 혹은 지원할 수 있는 자생자립형 센터 하나를 먼저 구축하고 그 지역에서 착실히 뿌리내리도록 한다.

② 이와 같은 선교기능을 감당하는 '선교센터'를 또 다른 곳에서 세우고 싶어하는 한국선교사 혹은 전도에 열성 있는 일본교회와 다른 선교단체의 협력으로 일본 전역(큐슈, 관서, 관동, 시코쿠 등)에 최소 7개의 센터와 일곱 명의 센터장을 확보한다. 그리고 각 센터에서 최소한 한 개 이상의 전도기동대와 예수 캐라반 팀을 운영하며 연간 80여 명에게 뉴라이프(NLTC) 훈련을 실시하도록 한다.

③ 각 지역 센터들과 함께 일하는 전국의 350여 교회와 함께 연동된 사역을 전국적으로 펼친다. 즉, 이웃하는 한 개가 아닌 여러 개의 또 다른 선교센터 및 선교구조와 교회들이 전략적으로 네트워킹(Networking)되고 연동·호환되어 인적·재정적 정보자료를 실시간으로 공유하면서, '상생 협력'하는 일을 하게 된다.

(결과적으로 '多(복수)센터 중심적 그물망 협력선교 구조' 혹은 '상생협력이 가능한 사역 생태계'가 새로운 모습으로 일본 내에 등장하게 된다.)

이와 같은 요소와 역할을 감당할 수 있는 〈상생 선교시스템〉들이 유기적으로 엮어진 상태에서 제 기능을 감당하고 운용된다면, 나름대로 기대하는 전략적 효과를 볼 수 있을 것이다. 결국 일본 복음화에 공헌하는 '한국교회'의 사역으로 자리매김하게 될 것이라 확신한다. 이 '시스템' 이야말로 한일의 교회와 단체들의 '연합'으로 일본 기독교 인구 0.5%의 벽에 부딪혀 가는 한 큰 도전이자 〈상생선교 전략〉[163]이며 일본 기독교 성장의 실마리를 여기서 발견할 수 있을 것이라고 감히 말하고 싶다.[164]

여섯째, 이러한 일본 복음화 전략의 홍보문제이다. 위에서 언급한 전략이 아무리 좋은 전략이며 실현가능한 방책이라 하더라도 한일의 교회와 선교사들이 알지 못하고 활용하지 못한다면 무용지물이다. 이러한 일본 복음화 전략과 청사진을 좀 더 촘촘히 엮고 논리를 바로 세워서 일본 복음화의 비전과 희망을 적극적으로 한일교회 지도자들과 청년들에게 알리고 동참하도록 호소해야 한다.

일본선교에 대한 새로운 '사역자세'와 '시각'을 제공하는 '선교전략'이며 20세기 '성장위주'의 패러다임의 단점을 극복하고 21세기 상

---

163) 일본 복음화의 전략이 '전략적인 것'이 되게 하는 6가지 요소가 있다. 1) 먼저 지역교회와 학생선교단체가 청년전도를 위해서 힘을 합쳐야 하는 점 2) 教会再生産再開拓의 비전을 가져야 하는 점 3) 일본교회가 '主体'가 되어 학생・지역전도와 교회개척을 추진해야 하는 점이다. 일본인이 아닌 외국인이 일본에서 아무리 큰 프로젝트를 추진한다고 하여 그것을 일컬어 '전략적'이라고 말할 수 없다. 4) 地域교회의 필요성을 종합적으로 이해하고 공생적인 관계 속에서 선교협력을 지향해야 한다는 점 5) 자신이 가진 것(일꾼, 재정, 정보 등)을 서로 공유하며 '전략적'인 곳에 사용해야 하는 점 6) 韓日連合宣教와 일본 기독교인구 0.5%의 정체현상을 타파할 목적으로 하는 共同体를 구축해야 한다는 점이다. 우리가 진행하는 사역이 과연 전략적인가? 결국 우리의 사역은 일본선교 0.5%의 벽을 깨는 일과 관련된 것인가? 우리도 구미선교단체들처럼 100여 년의 사역이 지난 후, 철수할 운명을 맞을 것인지 아닌지 자문자답하면서 이 일을 계속하고 싶다.
164) 본 내용은 2009년 10월 20일, 서울에서 있었던 일본 크리스천신문사 서울지국 개설 기념《한일선교 세미나 in Seoul》세미나 석상에서 발표되었는데 한일의 많은 교회 지도자들의 호응을 얻고 있는 중이다.

생의 선교 패러다임으로 전환해야 할 필요성을 적극적으로 알려야 한다.

장차 이것은 선교사 각 사람의 은사와 컬러를 조화롭게 살리는 '그리스도의 몸된 무지개공동체' 사역이며 한일협력에 의한 아시아 선교공동체의 토대이자 21세기 새로운 방향의 상생과 협력의 선교전략의 '틀'이 될 것이다.

이것을 구체적으로 실행하기 위해서 선교동원과 훈련 및 모금운동을 동시에 전개해야 한다. 구체적인 전략실행 방안으로서는 일본선교의 특별 팀(Task Force)을 구성하여 전략회의에서 다뤄진 행동지침과 방향에 따라 일본 전국을 커버하는 '복음화 계획서'를 작성하여 추진하는 것이다.

일본 1,000여 개의 무목교회 해소방안을 마련하거나 미전도지 혹은 미개척 캠퍼스 예수 캐라반을 활용하는 방법도 있다. 또한 지금까지 관계있는 일본 전국의 중요한 지도자 교회를 방문하여 개교회에 맞는 전략적인 '맞춤형' 프로젝트(스즈키 목사와의 협력사업, 오사카 및 구마모토 지역 대학과의 학생교류 협약 추진, 관서지역 선교연합회와의 협력 등)를 추진하는 방안도 고려해 볼 만하다.

3. 일본선교의 전망

끝으로 한국교회의 '일본선교 1%의 벽을깨기' 위한 선교해법으로 구 선교사가 제시한 4가지 급소를 살펴보자.

첫째, 한국은 과거 36년간 일본의 식민지로 살았던 경험이 있다. 이 피해의식과 아픈 상처가 더 이상 글로벌선교로 나아가는 한국교회의 걸림돌이 되어서는 안 된다. 그러므로 일본이 구원의 길로 가도록 돕는 기회를 하나님이 '종' 살았던 자들에게 주시는 특권으로 알고 영광스럽게 봉사해야 하는, '하나님의 뜻'을 깨닫는 데서 첫 번째 급소를 찾을 수 있다.

둘째, '하나님의 뜻'에 따르는 자에게 주시는 요한계시록 3장 7~8절의 '열린 문'의 약속이다.

셋째, 먼저 일본교회가 사는 것이며 그들이 스스로 생명을 걸고 일본 복음화하려는 일에 그들과 '운명공동체'가 되어 동역하는 것에서 세 번째 급소와 해법을 찾을 수 있다. 그들 자신이 일본 복음화를 위해서 스스로 자립할 수 있도록 한국교회가 섬기고 도와준다면[165] 일본 복음화는 가능한 것이다. 이것은 우리가 '시중'만 든다는 그런 의미가 아니다. 한일교회의 '상호이해'와 다불어 서로에게 말한 것은 희생이 따르더라도 '책임'을 지는 성숙한 관계 속에서 '함께' 발전해 나가자는 의미이다. 우선은 그들이 잘 되어야 한다. 이것을 일컬어 구 선교사는 '상생'이라는 말로 표현했다. "일본교회가 '먼저' 잘 되고 '한국교회'도 잘되자."라는 것은 일본에서 한국인들이 세대를 계승하며 성공할 수 있는 여건을 조성하는 길이기도 하다.

넷째, 복음으로 화해한 한일의 청년들이 아시아 선교를 위해 손잡고 함께 아시아로 나가는 것이며, 거기에서 그들과 함께 아시아 선교를 같이 해야 한다는 것이 마지막 4번째 급소이다. 일본에서 한국인에 의한 선교로 나타나야 할 가장 바람직한 사역의 방향은 한국인들이 한국인 대상으로만 펼치는 사역이 아니라 일본인 스스로가 잘하도록 도와서 그들의 '리더십'을 든든히 세우는 일이다. 한 걸음 더 나아가 일본인 리더십을 세운 후 우리가 현해탄을 건너 한국으로 돌아가는 것이 아니라 그들과 함께 아시아로 나아가 한일 아시아 협력선교의 '문'을 열고 새로운 글로벌 '선교모델'을 창조하는 데까지 발전해 나아가야 한다는 점이다.

---

[165] 이것은 일본선교만의 문제가 아니라 해외선교에 있어서도 가장 일반적이며 본질적인 요소이다.

글로벌 시대에 일본선교만을 고집하는 것은 맞지 않다. 일본선교는 한국교회의 기업이자 특권이며 아시아선교의 전진기지의 발판으로서 글로벌시대 세계 선교를 향한 '축복과 약속의 땅'이 되도록 우리가 함께 노력해야 한다. 이것이 우리가 한일교회를 향하여 호소하고 싶은 내용이며, 흔들어야 할 깃발이자 두드려야 할 북소리이다.

바야흐로 글로벌시대 세계선교를 준비하는 상생과 전략적 협력 네트워크의 필요성과 가치가 빛을 발하고, 그 희망을 알리는 불길이 일본 후쿠오카 센터를 중심으로 점점 타오르고 있다. 그 협력 네트워크의 증거로서 나가노 우에다교회 협력 프로젝트, 일본 크리스천신문사 서울지국 개설 그리고 나가노·동경(가와고에)·오사카·구마모토 등에 후쿠오카 센터와 같은 기능의 복음 기지(Base)들이 하나하나 나타나기 시작하고 있다.

〈참고문헌〉

국내문헌(한국어)

김남식(1995), 「国家神道의 危險性과 信教의 自由-韓史에서의 警告」, 『상담과 선교』.

이선복(2007), 「일본어를 이용한 대학채플의 개설가능성과 도입성과 - 부산 D대학의 사례와 설문조사반응을 중심으로」, 『일본문화연구』, 제21집.

오영걸(2004), 「기독교대학에서의 종교교육에 관한 연구 - 학생채플을 중심으로」, 대전전문대학 발표논문.

미와노부오(1995), 「일본인의 의식과 재한 일본인 전도」, 『상담과 선교』.

막스베버, 김상희 옮김(2006), 『프로테스탄트 윤리와 자본주의 정신』, 풀빛.

재일대한기독교회, 「KCCJ의 발자취」, The Christian Church in Japan ホームページ, (http://kccj.net/intro/history.html).

한국기독교역사학회편, 『한국기독교사 Ⅲ 해방이후 20세기 말까지』, 한국기독교역사연구소. 2009年).

외국문헌(일본어·영어)

朴正義(1993), 『キリスト教受容における日韓比較』, 国際日本文化研究センター.

キリスト教新聞社編 (2007), 『キリスト教年鑑』, 教文館.

キリスト教新聞社編 (2008), 『キリスト教年鑑』, 教文館.

田嶋淳子(1998), 『世界都市・東京のアジア系移住者』, 学文社.

崔吉城(1995), 「在日韓国キリスト教の普遍性と民族性」, 『中部大学国際関係学部紀要14』, 中部大学.

末木文義士(2006), 『日本宗教史』, 岩波書店.

鈴木範久(2001), 『日本キリスト教史物語』, 教文館.

菊地伸二・菊地栄三(2005), 『キリスト教史』, 教文館.

五野井隆史(2006), 『日本キリスト教史』, 吉川弘文館.

土肥昭夫(1987), 『日本プロテスタント・キリスト教史論』, 教文館.

法務省出入管理局ホームページ, 『平成20年版「出入国管理」日本語版』, (http://www.moj.go.jp/NYUKAN/nyukan78-1.pdf).

法務省出入管理局ホームページ, (http://www.moj.go.jp/NYUKAN/nyukan78-2.pdf), (검색일 2009년 7월 24일).

韓国世界宣教協議会, (Korea World Mission Association : KWMA)에서 2008年 10月 1日에 実施한 설문조사.

小笠原政敏(1974), 『教会史・下』, (日本基督教出版局).

笠原一男編(1977), 『日本宗教史Ⅱ』, (山川出版社).

五野井隆史(1990), 『日本キリスト教史』, (吉川弘文館).

Otis Caty, A History of Christianity in Japan, vol.2Ⅱ.

小崎弘道, 「日本に於ける基督教の現代及将来」, (全集第六巻).

隅谷三喜男(1961), 『近代日本の形成とキリスト教』, (新教出版社).

隅谷三喜男(1962), 『現代日本のキリスト教』, (新教出版社).

야후제팬 인물사전

阿部志郎(2009),『賀川豊彦を知っていますか-人と信仰と思想-』,(教文館).

牛丸康夫(1978),『日本正教史』,(日本ハリストス正教会教団府主教庁 1978年).

海老沢有道・大内三郎(1970),『日本キリスト教史』,(日本基督教団出版局).

菊池伸二, 菊池榮三(2005),『キリスト教史』,(教文館).

キリスト新聞社編(1960),『キリスト教年鑑 1960』,(キリスト新聞社).

キリスト新聞社編(1985),『キリスト教年鑑 1985』,(キリスト新聞社).

キリスト新聞社編(1992),『キリスト教年鑑 1992』,(キリスト新聞社).

キリスト新聞社編(2008),『キリスト教年鑑 2008』,(キリスト新聞社).

蔵田雅彦(1991),「日韓キリスト教比較研究-教会史的視点を中心にして-」, 総合研究所報 17(1), (桃山学院大学).

末木文美士(2006),『日本宗教史』,(岩波書店).

鈴木範久(2001),『日本キリスト教史物語』,(教文館).

崔吉城(1995),「在日韓国キリスト教の普遍性と民族性」, 中部大学国際関係学部紀要14, (中部大学).

同志社大学人文科学研究所キリスト教社会問題研究所編(1972),『戦時下のキリスト教運動-特高資料による-1』,(新教出版社).

同志社大学人文科学研究所キリスト教社会問題研究所編(1973),『戦時下のキリスト教運動-特高資料による-3』,(新教出版社).

日本カトリック司教団(1995),「平和への決意-戦後五十年にあたって-」,(カトリック中央協議会).

朴正義(1993),『キリスト教受容における日韓比較』,(国際日本文化研究センター).

古屋安雄(2003),『日本のキリスト教』,(教文館).

武藤富男(1981),『評伝賀川豊彦』,(キリスト新聞社).

森岡清美(1976),「日本の近代社会とキリスト教」, 日本人の行動と思想 8(評

論社).

吉永正春(2004),『九州のキリシタン大名』,(海鳥社).

Kim, Kwang Chung, and Shin Kim(2001) "The Ethnic roles of Korean immigrant churches in the USA." *In Korean Americans and Their Religions : Pilgrims and Missionaries from a Different Shore*, edited by Ho-Youn Kwon Kwang Chung Kim and R. Stephen Warner. University Park, PA: Pennsylvania State University Press.

Hurh, Won Moo, and Kwang Chung Kim(1990) "Religious participation of Korean immigrants in the United States." *Journal for the Scientific Study of Religion* 2229 : 19~34.

Williams, Raymond Brad. 1988. *Religions of Immigrants from India and Pakistan*. New York : Cambridge University Press.

인터넷사이트(한국어 · 영어)

「테마별 통계 종교」통계청 홈 페이지
⟨http://www.kosis.kr/planstic/stat_theme/term_index.jsp⟩.

「미감리회선교시대」기독교대한감리회 홈 페이지
⟨http://kmcweb.or.kr/intro/sub03_01.php⟩.

「Spirit」EWFA WOMANS UNIVERSITY homepage
⟨http://www.ewha.ac.kr/english/⟩.

「안중근, 동양의 평화 위해 이토 저격」한국일보 홈 페이지 (2008년 10월 21일)
⟨http://news.hankooki.com/lpage/culture/200810/h2008102103010184330.htm⟩.

인터넷사이트(일본어)

「内村鑑三文庫」, 北海道大学付属団書館ホームページ,
⟨http://www.lib.hokudai.ac.jp/modules/tinyd10/index.php?id=50⟩.

「沿革」, 日本キリスト教会ホームページ,
⟨http://www3.ocn.ne.jp/~nikkits/⟩.

「賀川豊彦とは」, 賀川豊彦献身100周年記念事業ホームページ,
⟨http://www.kagawa100.com/kagawa.html⟩.

「賀川豊彦の略年譜」, 財団法人雲柱社賀川豊彦記念館・松?資料館ホームページ, ⟨http://zaidan.unchusha.com/k_chronology.html⟩.

「キャンパスフォトグラフ」, 上智大学ホームページ,
⟨http://www.sophia.ac.jp/J/photo.nsf/Content/2005autumn_01⟩.

「救世軍について」, 救世軍ホームページ,
⟨http://www.salvationarmy.or.jp/⟩.

「教会紹介」, 日本バプテスト同盟 横浜南キリスト教会ホームページ,
⟨http://yokohamaminami.baptist-church.net/Intro.html⟩.

「教会の歴史」、日本バプテスト横浜教会ホームページ、
〈http://www.yokohama-baptist-church.org/wordpress/?page_id=4〉.

「KCCJの歩み」、在日大韓基督教会ホームページ、
〈http://kccj.net/intro/history.html〉.

「KCCJの年表」、在日大韓基督教会ホームページ、
〈http://kccj.net/intro/history1.htm〉.

「社会鍋」、救世軍ホームページ、〈http://www.salvationarmy.or.jp/〉.

「信仰告白」、日本基督教団遠州栄光教会ホームページ、
〈http://www.geocities.jp/enshueikou/html/kokuhaku.html〉.

「信仰告白」、日本基督教団ホームページ、
〈http://www.uccj.or.jp/faith.html〉.

「人口推計」、統計局ホームページ、
〈http://www.e-stat.go.jp/SG1/estat/NewList.do?tid=000000090001〉.

「先人の風景」、山陽新聞社ホームページ、(2008年3月24日)、
〈http://www.sanyo.oni.co.jp/kikaku/senjin/news/2008/03/24/20080324163544.html〉.

「第二次世界大戦における日本基督教団の責任についての告白」、日本基督教団公式サイトホームページ、〈http://www.uccj.or.jp/confession.html〉.

「データ」、日本キリスト教会ホームページ、
〈http://www3.ocn.ne.jp/~nikkits/〉.

「東京復活大聖堂(ニコライ堂)」、日本正教会 | ハリストス正教会ホームページ、〈http://www.orthodoxjapan.jp/annai/t-tokyo.html〉.

「特集聖フランシスコ・ザビエル生誕500周年(1506年4月3日～1552年12月3日)」、カトリック中央協議会ホームページ、
〈http://www.cbcj.catholic.jp/jpn/feature/xavier500/index.htm〉.

「日本カトリック教会の歴史」、カトリック仙台司教団ホームページ、
〈http://www.sendai.catholic.jp/history2.htm#history ii〉.

「日本のカトリック教会の歴史概説」、カトリック中央協議会ホームページ、
〈http://www.cbcj.catholic.jp/jpn/bigin.htm〉.

「日本の正教会の歴史と現代」、日本正教会｜ハリストス正教会ホームページ、〈http://www.orthodoxjapan.jp/h-n.html〉.

「HISTORY CHART」、上智大学ホームページ、〈http://www.sophia.ac.jp/J/first.nsf/Content/spirit01〉.

『平成20年版「出入国管理」日本語版』、法務省出入国管理局ホームページ、〈http://www.moj.go.jp/NYUKAN/nyukan78-1.pdf〉.

「明治学院大学の歴史と現在」、明治学院大学ホームページ、〈http://www.meijigakuin.ac.jp/guide/history.html〉.

「山室軍平」、おかやま人物往来ホームペ、〈http://www.libnet.pref.okayama.jp/mmhp/kyodo/person/yamamurogunpei/gunpei-short.htm〉.

「吉野作造プロフィール」、吉野作造記念館ホームページ、〈http://www.yoshinosakuzou.jp/human/yoshino.html〉.

「ラブ・ソナタ札幌・仙台ポスター(2007 11)」、Love Sonata Japanホームページ、〈http://www.lovesonata.org/japan/sub.asp?gubun=0403〉.

「歴史・沿革」、立教大学ホームページ、〈http://www.rikkyo.ac.jp/aboutus/philosophy/spirit/history/〉.

「ロシア正教会駐日ポドウォリエの歴史から」、ロシア正教会モスクワ総主教庁駐日ポドウォリエホームページ、〈http://www.sam.hi-ho.ne.jp/podvorie/index.htm〉.

인터뷰내용(개인정보와 관련하여 가능한 정보만 게재)

Korea World Mission Association：KWMA 宛. 2008年 10月 1日. ソウルにて実施.

東京都心部の韓国系教会に通う韓国人女性クリスチャン宛. 2009年 3月 5日. 東京にて実施.

東京北部の韓国系教会の韓国人牧師宛. 2009年2月28日. 東京にて実施.

東京北部の韓国系教会に通う日本人女性クリスチャン宛. 2009年 4月 10日. 東京にて実施